언젠가 퇴사하겠지만
행복하게 일하기로 했습니다

현대모비스 모행 유닛 지음

언젠가
퇴사하겠지만
행복하게
일하기로
했습니다

알에이치코리아

INTRO

모행, 돈보다
강력한 행복의 힘으로

"자유라는 연료가 타야 창의성이 나온다." 손흥민의 아버지 손웅정 씨가 한 말이다. 이 말을 이렇게 바꾸고 싶다. "'행복'이라는 연료가 타야 창의성이 나온다.'라고. 기업문화의 중요성을 이야기할 때 전략보다 문화의 힘이 더 강력함을 이야기하지 않는가. 문화에서 가장 중요한 것은 구성원의 행복이다.

모비스인들이 행복하게 일하는 방식을 만들다

요즘 MZ세대는 직접 참여하지 않은 일에는 관심을 보이지 않는다고 한다. 기업문화도 직원이 참여하지 않으면 회사의 일방적인 지침으로 밖에 느껴지지 않는다. 아무리 구성원을 생각해서 만들었다고 해도 말이다. 그래서 우리는 직접 우리의 그라운드 룰을 만들기로 했다. 현업에서 다양한 직무, 직책, 거점, 세대를 아우르는 7명의 지원자로 유닛을 뽑아 직접 그라운드 룰을 만들고, 설문조사와 인터뷰로 더 많은 구성원의 의견도 가미했다. 7명의 지원 유닛은 각자 자기 일로도 분주했지만, 그라운드 룰을 만드는 일에 열정적으로 참여했다. 그 누구보다 진심으로 한 문장 한 문장을 다듬어 나갔다. 그 결과 현대모비스만의 그라운드 룰이 탄생할 수 있었다.

언젠가 퇴사하겠지만 행복하게 일하기로 했습니다

MO;HAPPY

모비스인들이 행복하게 일하는 방식

당신 생각이 궁금합니다.
커피 한 잔 해요

○○○은 과감히 빼보세요,
'본질'이 보입니다

네 일, 내 일 따지기 전에
우리의 내일을

걱정보단
↳ **응원**하고
질책보단
↳ **질문**해요

어디서 일하든
빠르게 반응해요

내가
고객이고,
내가
프로덕트 오너

일을 할 때
목표와
WHY?를
생각합니다

HYUNDAI
MOBIS

첫 이벤트, 모행 알리기

현대모비스의 구성원들에게 모행(모비스인들이 행복하게 일하는 방식)이라는 단어 그 자체를 인식시키는 부분이 중요하다고 생각했다. 국내 약 1만 명의 현대모비스 구성원 중, 모행이라는 단어를 아예 모르는 사람은 아무도 없어야 한다고 생각했다. 그래서 모행을 수립하고 가장 먼저 한 일이 전사 게시판 배너에 'ㅁㅎ'이라는 초성만 크게 올린 이벤트였다. 그것을 본 사람들이 무엇을 의미하는지 궁금해서 글자를 클릭하면, 모행이 무슨 뜻인지 맞추는 퀴즈가 나온다. 무려 2,398명이 해당 이벤트에 참여하였다. 단순한 아이디어였지만 1/4의 구성원에게 모행이라는 단어를 인식시키는 데 성공했다. 이어서 모행 수립에 참여한 유닛 7명이 7개의 모행 문구를 하나씩 소개하는 영상을 업로드했다. 물론 'ㅁㅎ'이라는 초성을 올렸을 때보다는 조회수가 덜 했지만, 동영상을 통해 모행 문구가 어떤 의미인지를 전달했다. 모행이라는 단어를 미리 알리고 내용을 공개해서 구성원들이 의미를 더 잘 받아들일 수 있었다.

언젠가 퇴사하겠지만 행복하게 일하기로 했습니다

현대모비스만의 그라운드 룰을 만들기 위해
구성원을 대표하여
자발적으로 지원한 **7명**의 참가자

총 기간 **4개월**
매주 **1회** 이상, 총 **1600분** 이상의 회의

'**모행**' 명칭부터 룰 하나하나 모두
구성원 여러분의 목소리를 반영하기 위해
끊임없이 **토론**하고 고민했습니다.

치열하게, 열정적으로
수립한 '**모행**'이
참가자들이 직접
들려드리는 이야기로
다음 주 찾아옵니다.

굿즈 제작, 어디서나 모행이 느껴지도록

다음으로 생각한 모행 전파 아이디어는 굿즈였다. 모행 문구를 화면보호기에 설정하거나 회사 사내 게시판 등을 통해 알리기도 하였으나, 그 순간만 보고 잊게 된다. 모행을 오래 기억에 남기기 위해서 생각해낸 아이디어가 2021년에 오픈한 현대모비스 굿즈몰에 모행 굿즈를 따로 만들어 판매하는 것이었다. 모행 굿즈는 모행 문구와 연결되는 제품군으로 고려했고, 그라운드 룰 문구를 약간 비틀어 위트있게 표현해보았다. 예를 들면 키보드를 칠 때 손목을 보호하는 팜 레스트의 경우 "네 일 내 일 따지기 전에 우리의 내일을"이라는 문구를 "네 일 내 일 따지기 전에 우리의 손목을"로 바꾸었다. 그리고 칫솔살균기의 경우에도 "일을 할 때 목표와 WHY를 생각합니다"를 "양치를 할 때 목표와 WHY를 생각합니다"로 바꾸어 의외의 즐거움을 주면서 회사에서 양치하러 갈 때 문구를 볼 수밖에 없도록 만들었다. 특히 땡스카드 플랫폼이 큰 도움이 되었다. 땡스카드로 고마움을 표시하는 플랫폼 '플러스알파'에서 서로 카드를 주고받으면 알파포인트가 적립되고, 해당 포인트로 현대모비스 굿즈몰의 제품을 살 수

언젠가 퇴사하겠지만 행복하게 일하기로 했습니다

신규 굿즈 출시 안내

한정수량 생산

모행 무선충전 탁상시계
"어디서 일하든 바르게 충전해요"

모행 팜레스트
"네 일, 내 일 미지기 전에 우리의 손목을"

현대모비스 캠핑굿즈
"현대모비스 X 옥스포드 콜라보 시즌 2"

바람이 불 때 **목표와 WHY?**를 생각합니다

양치할 때 **목표와 WHY?**를 생각합니다

굿즈 출시 근데이제 모행을 곁들인

현대모비스 M.A.L.L
GRAND OPEN!

Innovation for Humanity, Mobility for Tomorrow

MOBIS 모행 스탠머그 (작명버)
17,210원 23,000원

MOBIS 모행 데스크매트
16,500원 22,000원

MOBIS 모행 팜레스트
12,750원 17,000원

MOBIS 모행 무선충전 탁상 디지털 시계
16,800원 22,400원

복상닥

8월 모행 굿즈 출시

어디서 일하든 빠르게 충전해요

9월 모행 굿즈 출시

10월 모행 굿즈 출시

"바빠도 힘들어도
커피 한 잔 해요"

언젠가 퇴사하겠지만 행복하게 일하기로 했습니다

있다. 구성원들이 땡스카드를 받아 모은 포인트를 모행 굿즈를 구매하는데 많이 사용했다. 덕분에 모행 굿즈도 제법 구성원들 사이에서 흥행을 했다. 이 글을 쓰고 있는 2022년 12월 현재까지 8종의 모행 굿즈를 출시했으며 4,500개가 넘는 굿즈가 판매되었다. 모행 굿즈는 모든 문구의 제품이 나올 때까지 지속 출시할 예정이다.

모행, 인터널 브랜드로 밀어주기

구성원이 좋아하는 이벤트에도 모행이라는 단어를 넣어 '모행' 브랜딩을 시도했다. 모행리그가 시작이었다. 2022년에 아프리카 TV와 협업으로 진행한 사내 스타크래프트 대회명을 'MHL=모행 리그'로 정하여 모행이 스폰서십을 가지도록 브랜드로서 홍보하였고, 매니저와 연구원 2년 차를 대상으로 하는 연수 프로그램 이름을 '모행 컬처캠프'로 정하였다. 그리고 회사의 기업문화 행사에도 모행을 적극적으로 노출했다. 사내 이벤트와 교육이 고도화될수록 모행에 관한 인식이 확대되고 우리의 기업문화를 대표하는 브랜드로 성장할 것으로 기대한다.

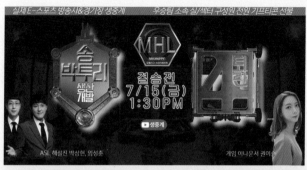

언젠가 퇴사하겠지만 행복하게 일하기로 했습니다

리더, 모행 실행의 퍼실리테이터가 되다

리더 워크숍에서는 리더들을 위해 모행을 해석하고 이를 자신의 업무에 적용해 볼 수 있는 기회를 마련해 보았다. 같은 입장을 가진 리더들끼리 서로 응원하고 격려하며 솔루션을 직접 도출하는 과정에서 모행을 적용하길 바랐다. 우리 모두가 웃으며 끝날 수 있도록, 마지막은 함께 스토리를 만들어보는 과정을 삽입했다. 모행의 사례를 발굴하고 우리의 이야기를 스스로 설명하면서 유쾌한 공감을 유도했다. 많은 리더분들이 적극적으로 참여한 덕에 매 회차마다 웃으며 마무리할 수 있었다.

언젠가 퇴사하겠지만 행복하게 일하기로 했습니다

인지와 실천 사이의 갭이 없도록, 한번에 하나씩

모행이 7가지 문구로 구성되어 있는 만큼 문구별 내재화도 필요했다. 모든 문구를 다 기억하기 어려우니 3개월 동안 하나의 문구를 중심으로 캠페인을 하고 이를 집중적으로 내재화하는 전략을 짜서 실행에 옮겼다.

첫 번째 강조한 문구는 '일을 할 때 목표와 WHY를 생각합니다'였다. 경영진이 가장 공감하는 문구이기도 했고 모행을 대표할 수 있는 문구라고 생각했기 때문이다. 또한 업무의 시작은 무엇보다 목표와 WHY니까.

먼저 사내 인트라넷 상단 알림판에 해당 문구가 항상 노출되도록 설정했다. 화면보호기도 3개월간은 목표와 WHY를 의미하는 이미지로 변경하였다. 그리고 문구에 맞는 이벤트로 구성원이 직접 참여하여 그라운드 룰을 생각해보고 적용할 수 있도록 실천을 중심으로 공감을 유도했다. 예를 들면 내가 일하는 이유를 적어보는 'WHY콘테스트', 목표와 WHY를 잘 수행하는 동료를 추천해서 땡스카드와 메시지를 전달하는 '땡스카드×모행' 이벤트 등을 열고, 조금이나마 본인의 경험과 주변 동료를 통해 '목 표와 WHY'를 생각할 수 있는 장을 마련했다.

언젠가 퇴사하겠지만 행복하게 일하기로 했습니다

모

행

일을 할 때 목표와 WHY?를 생각합니다

WHY 콘테스트
나의 WHY를 공유해주세요

행

모

모행 X 땡스카드
[EP 1 : 목표와 WHY]

#모행을 땡스카드에 결합할 결심
#결합했구나, 마침내

PROLOGUE

오늘도 행복한
나의 직장생활을 위해

어느 날 미디어에서 접한 조용한 퇴사라는 말이 참 무겁게 느껴졌습니다. 더이상 회사에 거는 기대가 없고 그저 시키는 일만 하면서 있는 듯 없는 듯 회사생활을 하겠다는 의미를 알고 나니 직장생활의 중요한 무언가가 빠진 것 같아서 말이지요. 아마도 퇴사라는 주제가 왜 일을 하고 회사에 다니는지에 대한 근본적인 생각으로 이어지기 때문인 것 같습니다. 뜬금없이 조용한 퇴사라는 말로 서두를 열었지만, 실제 우리의 고민은 이것이었습니다.

'우리는 왜 책을 쓰게 되었을까?'

처음 책을 쓰기 시작할 때는 어떤 이야기를 담아야 할지, 어떻게 써야 할지 걱정했습니다. 그런데 원고를 집필하면 할수록 '우리처럼 평범한 사람들이 어쩌다 책을 내게 되었는지' 고민이 깊어졌습니다. '나는 왜 주말에 쉬지도 못하고 카페에 앉아 책을 쓰고 있는지', '업무도 바쁜데 왜 원고와 씨름하고 있는지', 생각이 꼬리에 꼬리를 물자 그 답을 찾지 않을 수 없었습니다. 답을 찾기 위해 우리의 처음으로 돌아갔습니다. 평범하게 회사를 다니던 흔한 직장인 1, 2에 지나지 않았던 우리가 현대모비스의 문화 그라운드 룰을 만들기 위해 모였던 그때로 말이죠. 이 책을 쓴 우리 7명은 각자 다른 부서에서 서로에게 생소한 분야의 일을 하며 취향도 성격도 모두 달랐지만, 한 가지 생각만은 일치했습니다.

'아무것도 하지 않으면 아무 일도 일어나지 않는다.'

우리는 변화를 위해 움직이는 사람들이고 그렇기에 기꺼이

언젠가 퇴사하겠지만 행복하게 일하기로 했습니다

한자리에 모일 수 있었습니다. 본업을 하면서도 우리 회사의 문화 그라운드 룰을 만들기 위해 6개월이라는 긴 시간 동안, 수십여 차례의 미팅과 워크숍, 그리고 매번 회의를 준비하기 위해 과제를 해냈습니다. 물론 부족한 시간을 쪼개서 남들이 하지 않는일을 본업과 동시에 해냈다는 생색을 내고 싶은 건 아닙니다. 우리 노력으로 현대모비스 기업문화에서 변화를 향한 작은 발걸음을 떼고, 현대모비스 구성원들이 조금이라도 즐겁게 회사를 다닐수 있기를 바랐기 때문에 했던 것이지요. 우리의 경험이 동료들에게도 전파되길 바랐기 때문입니다.

문득 회사에 출근하는 것이 즐거운 날이 있습니다. 업무에서작은 성취로 나의 발전 가능성을 확인하고 구체적인 성과를 이루며 회사, 상사, 동료로부터 인정받을 때 특히 행복합니다. 이런경험을 해본 사람은 계속해서 성취감을 얻고 싶어 합니다. 저절로 회사생활이 즐거워질 수밖에 없죠. 회사라는 조직은 가끔 나를 끝이 보이지도 않는 캄캄한 동굴로 몰아갈 때도 있지만, 이렇게 행복을 가져다주기도 합니다. 다만 그 행복은 회사에서 얻은것은 맞지만, 회사가 준 것이 아니라 내가 획득해낸 것이라는 걸 우리는 알아야 합니다. 어쩔 수 없이 수많은 불합리한 일들을 견디면서 언젠가 자유로워질 날을 기다리는 것이 아니라, 스스로 성장하고 발전하며 행복을 획득할 수 있는 시간들이 조직에도 있다는 것을 말이지요.

그래서 무엇이라도 해내고자 했던 우리는 현대모비스의 문화 그라운드 룰인 '모행'을 구성원들과 함께 수립하는 과정에서도, '모행'을 회사 내부에 전파하는 과정에서도, 즐거웠고 행복했습니다. 그리고 지금도 회사생활이 즐겁고 행복합니다. ─ 그렇다고 힘들 때가 없다는 건 아니지만요. ─

언젠가 퇴사하겠지만, 지금은 행복한 회사생활을 위해

우리는 왜 문화 그라운드 룰을 '모비스인들이 행복하게 일하는 방식'이라고 이름 붙였을까요? 많은 기업이 목표를 달성하고 비전을 이루기 위한 지름길로 조직문화 관리에 힘쓰고 일하는 방식을 만듭니다. 그러나 현대모비스가 문화 그라운드 룰을 만든 이유는 우리 구성원이 현재 업무에 좀 더 만족하고 행복하기를 바랐기 때문이라고 단언할 수 있습니다.

하루에 8시간 이상을 보내는 회사에서 아무 성취감도 느끼지 못하고 어떤 즐거움도 찾지 못한다면, 얼마나 괴로울까요? 많은 사람들이 퇴사하기 위해 회사에 다닌다고 할 정도인 '대퇴사의 시대'. 영혼 없이 그저 하루하루를 때우듯이 보낸다면 회사는 감옥이나 다름이 없겠지요. 지금 내가 행복하게 일할 수 없는데 퇴사한다고 갑자기 만족을 느낄 수 있을까요? 그래서 언젠가는 퇴사하겠지만 지금 있는 자리에서 행복을 느끼며 일할 수 있기를 소망합니다.

문화 그라운드 룰을 만들고 우리 이야기를 책으로 엮으면서, 아직 퇴사하지 않은 평범한 직장인들을 응원하고 싶었습니다. 다들 아웅다웅하고 비슷한 경험을 하며 일을 해 나가고 있다고 말해주고 싶었습니다. 다소 자랑 같은 이야기도 부끄러운 이야기도 가감 없이 보여주고, 어떻게 해결해가고 있는지 나누고 싶었습니다. 이 책에 쓴 우리의 일하는 방식이 여러분에게 위로와 도움이 되기를 기대합니다.

현대모비스 모행 유닛

– 황우현, 함태희, 정문기, 장경기, 문성기, 권준혁, 강나림

Special Thanks to

문화 그라운드 룰의 제작부터 책의 출간까지 도움을 아끼지 않고
든든한 조력자가 되어준 현대모비스 기업문화팀과 박지영, 선민정,
박민지 님께 감사를 전합니다.

> 프롤로그는 이 책의 저자들이 문화 그라운드 룰 제작을 위한 참가자로 지원
> 했을 당시의 지원동기와 기대감을 엮어 편집한 내용입니다.

언젠가 퇴사하겠지만 행복하게 일하기로 했습니다

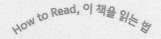

『언젠가 퇴사하겠지만 행복하게 일하기로 했습니다』를 읽는 방법은 다음과 같습니다.

첫째, 현재 큰 고민이 없고, 회사생활 전반이 궁금하다면 순서대로 잘근잘근 씹어 읽는 것을 추천합니다.

둘째, 목차를 보고 내 문제나 고민에 맞는 이야기를 선택해보세요! 글마다 우리만의 꿀팁과 공감할 만한 이야기가 있습니다. 해결책 혹은 마음의 위안을 찾아가시길 바랍니다.

셋째, 회사생활에서 가장 고민되는 문제를 골라 힌트를 얻을 수 있습니다.

다음 표에서 Chapter1, 2, 3의 추천 대상을 확인하고 읽어 보세요.

회사생활을 잘하고 싶은 당신.
자신을 가치 있게 만들고 싶은 신입사원   ➡   Chapter1
이라면?

동료의 마음을 얻고 싶은 당신.
적을 만들지 않고 존중받는 회사생활을   ➡   Chapter2
하고 싶은 사람이라면?

인정받으며 롱런하고 싶은 당신.
회사생활을 유능하게 유지하며 내 삶의   ➡   Chapter3
행복도 지키고 싶다면?

조직문화 담당자인 당신.
일하는 방식을 수립하고 전파하는 일을   ➡   에필로그
맡았다면?

이렇게 말했지만 사실 어떤 방식으로 읽어도 무관합니다.

여러분에게 도움과 위안이 될 수만 있다면!

차 례

Chapter1
제대로 일하기
기본기를 갖춘 사원으로 성장하는 방법

Chapter2
같이 일하기
누구에게든 따뜻한 히어로가 되는 법

Chapter3
행복하게 일하기
지금의 일과 삶에 몰두하는 방법

Chapter 1

제대로 일하기

기본기를 갖춘 사원으로 성장하는 방법

새로 맡은 일이
두렵기만 하다면

입사하고 처음 승급이 되었다. 직급이 오르니 회사에서 나를 인정해준다는 생각에 뿌듯했다. 신입 티를 벗어났다는 기분은 무엇과도 비교할 수 없었다. 그러던 어느 날, 갑자기 부서 이동이 떨어졌다. 그것도 연구소로……! 전기차 시장이 커지면서 e파워트레인이라고 불리는 PE모듈*의 설계 담당자를 내부에 두기 위함이었다. 솔직히 나는 설계 업무에 관심이 없고 더군다나 전기차

• EV(전기차)의 핵심부품으로 모터, 감속기, 제어기를 통합한 것. 내연기관의 엔진과 파워트레인에 해당

는 타본 적도 없었다. 전기차 운전자가 꽤 많아졌지만 유독 내 주변에는 한 명도 존재하지 않았다. 이렇게 전기차 근처도 가본 적 없는 내가 전기차 PE모듈 설계를 해야 한다고 생각하니 다시 신입이 된 듯 막막했다. 오히려 신입 때는 아무것도 모르니 두렵지도 않았던 것 같다. 그런데 첫날 팀장님이 팀원들에게 나를 이렇게 소개하는 게 아니겠는가!

"모비스의 PE모듈 전문가는 장경기 연구원입니다."

네??? 뭐, 뭐, 뭐라고요? 그렇게 나는 OJT*2시간 만에 전기차 핵심 부품의 대단한 인재가 되었다. '선배들이 모두 사라졌다', '전임자가 인수인계도 없이 잠수를 탔다'는 블××드 불만 글처럼 선배, 전임자가 없다는 무시무시한 일이 내게도 생기고야 만 것이다.

물론 충분한 교육을 받아 이론은 잘 알았지만 일하면 할수록,

- On the job training의 약어. 원활한 직무수행에 필요한 지식 전달, 기능 향상, 태도 변화를 위해 선배 사원이 후배 사원을 계획적, 의도적으로 지도·육성하는 훈련 활동

언젠가 퇴사하겠지만 행복하게 일하기로 했습니다

경험을 하나씩 쌓을수록, 점점 내가 얼마나 모르는지 알게 되는 순간의 연속이었다. 두려움이 점점 커져 가니 마음의 결정을 해야만 했다. 도망갈 것인가, 진짜 전문가가 될 것인가! 어떤 일이든 1만 시간의 법칙은 적용된다고 한다. 보편적으로 경험을 쌓고 시간이 흘러야 익숙해지기 때문이다. 하지만 나에게는 1만 시간을 기다릴 여유조차 없었다. 모두의 기대를 받는 상황에서 나는 1만 시간이 지난 전문가처럼 행동해보기로 했다. 마음을 바꾸니 자연스레 이 일의 주인이 되었다.

그 이후 닥치는 대로 담당 부품인 PE모듈과 관련해 오갔던 메일, 협의사항 등을 최대한 꼼꼼히 살펴봤다. 그러다 궁금한 점이 발생하면 고객사 담당자에게 무작정 전화해 질문했다. 일면식 없는 담당자에게 몇 달 전에 보낸 메일의 목적과 내용을 되묻고, 현장 일로 바쁜 공장 담당자에게 내 요청을 설득했다. 모든 것을 알아야 한다는 생각에 뻔뻔하게 시도하고 또 도전했다. 한편, 퇴근 버스 안에서 열린 강좌를 들으며 PE모듈과 관련한 기초 지식도 쌓았다. 그렇게 한 달을 지내니 아이템의 특성과 나의 역할이 이해되기 시작했다. 프로덕트 오너로서 첫발을 내디딘 기분이었다.

『프로덕트 오너』의 저자 김성한 쿠팡플레이 대표는 쿠팡 PO Product Owner 시절, 배송시스템을 개선하기 위해 전국에서 가장 힘든 배송지역만 찾아다니며 기사님들과 직접 배송했다고 한다. 김성한 대표는 'Deep dive'를 강조한다. 문제를 해결하기 위해 끝까지 집요하게 파고드는 업무 수행 방식인 Deep dive는 제품을 처음부터 끝까지 책임지는 오너십이 있기에 가능하다. 내 업무에 깊이 몰입하는 시간이 길어질수록 나는 현대모비스의 PE 모듈 설계 전문가가 되어갔다. 물론 지금 이 순간에도 만족하지 않는다. 여전히 내부 평가를 위해, 귀한 전동화 부품 샘플을 얻으려고 현장에서 매달리고 구할 길을 찾으며 내 일에 Deep dive하고 있다. 사내에서 이전에 없던 새로운 업무의 담당자가 되어도, 인수인계해줄 혹은 업무를 알려줄 선배 동료가 없다고 해도 두려워 말라. 누구에게나, 어떤 일에서나, 처음은 무조건 존재한다. 두려움을 버리고 일에 깊게 빠질 의지만 있다면, 새로운 일의 전문가가 될 수 있다.

언젠가 퇴사하겠지만 행복하게 일하기로 했습니다

MO;HAPPY

이걸 내가 할 수 있을까? 라는

생각이 들 땐 이렇게!

"그 일을 해본 경험도 없고 새로 공부할 시간도 없는데, 이 걸 나보고 하라고? 말이 돼?"

이런 생각이 드는 까닭은 어떻게 일을 해 나가야 하는지 예 상이 되지 않고, 결과에 대한 자신감도 들지 않기 때문이다. 하지만 시간이 많고 충분히 공부했다고 해서, 계획을 완벽 하게 세우지도, 모든 과정을 척척 완수하지도, 누구에게나 칭찬받을 결과물을 내지도 못한다. 일에는 늘 변수가 있기 마련이고, 상황과 조건은 늘 달라질 수 있으므로 벽에 부딪

힐 수도 있다. 경험이 없다고 시도조차 할 수 없는 것은 아니다. 경험이 없어서 누구보다 열린 생각으로 접근할 수 있고, 무엇이든 해볼 기회도 주어지는 것이다. 또한 '잘할 수'는 없지만 일단 '할 수'는 있다. 타인의 평가나 시선에 매몰되지 말고 좋은 결과를 상상하며 일에 몰두하자. 최악의 상황을 피해 가는 것부터 시작해도 충분하다.

내가 하는 일이
보잘것없어 보인다면

입사 초기, 처음 맡은 업무는 숫자를 계산하는 일이었다. 이른 아침 출근해서 하루 종일 엑셀 시트 안의 수많은 숫자를 복사하고, 계산하고, 붙여넣는 업무를 반복했다. 업무를 할수록 회의감이 들었다. 힘들게 준비해 입사한 대기업에서 초등학생도 할 수 있는 일을 하고 있다니! 이 업무를 하는 내가 하찮게 느껴졌다.

그러던 어느 날 회식이 있었다. 얼굴에 고민이 드리워 있었는지 파트장님이 말을 거셨다. 나의 고민을 이해한다는 듯이 파트장님은 나에게 그 업무를 준 이유를 설명하셨다. 수많은 엑셀 시트 안의 값이 왜 이렇게 구성됐는지, 구조를 학습하고 용어와 숫자에 익숙해지라는 의도였다고. 그 이야기를 듣고 나니 그렇게 별 볼 일 없어 보이던 내 업무가 다르게 보였다. 이유를 알고 나니 주변 동기들은 미처 경험하지 못한 수준 높은 OJT처럼 느껴졌고, 내가 드디어 회사의 일원이 된 듯한 기분까지 들었다.

내 경험에 비추어 보면 업무 목표를 세우는 데 가장 중요한 것은 동기를 부여해주는 일인 것 같다. 이 일이 성공적으로 마무리되어도 어떤 긍정적인 결과 또는 영향력이 있는지 모를 때, 동기를 상실하기 쉽다. 내가 하는 일이 무의미한 것 같다는 생각이 들면, 일은 더 이상 '내가 잘해야 하는 일'이 아닌 그냥 '하면 되는 일'로 전락한다. 일을 완료해도 보람을 느끼지 못하고 영혼 없이 일하는 쳇바퀴 같은 일상을 보내게 된다.

신입이 아니라면 상사가 일하는 이유를 하나하나 알려주지 않는다. 커다란 그림 하에 스스로 그 답을 찾아낼 줄도 알아야 한다. 일하는 이유와 목표, 성공했을 때의 결과를 머릿속에 그려

보자. 일하는 이유를 생각하고 업무의 목표를 세우면, 하지 말아야 하는 일과 해야 하는 일이 명확해진다. 목적과 목표에 맞게 결과를 내면 일에 대한 보람도 더 느낄 수 있다. 일의 목표와 이유는 원하는 결과치를 만들어 내기 위한 프로로서의 노력이기도 하지만, 일하는 과정을 통해 보람과 행복을 얻기 위한 것임을 잊지 말자.

잡일을 대하는

우리의 자세는 이렇게!

주니어 시절에는 '언제까지 이런 중요하지 않은 일을 해야 하나' 생각하곤 한다. 이러다 물경력이 되는 것은 아닌지 고민스럽기도 하다. 너무 많은 책임을 주어도 부담스럽지만 잡일만 하는 것 같으면 자괴감을 떨치기 어렵다. 너무 뻔한 말이지만, 일의 경중보다 중요한 것은 일의 의미다. 차근차근 배워가고 있다고 생각하면 잡일도 다르게 보일 수 있다. 주니어의 정신승리법이라고 생각할 수도 있지만, 실제로 중요하지 않다고 생각하는 일 역시 업무의 일부다. 왜 하는지 모를 뿐이지.

다른 사람의 기준으로 내 일의 가치를 매기기보다 자신의 성장을 기준으로 일의 의미를 찾아보자. 매년 업무 목표를 설정하고, 프로젝트별로 달성하고 싶은 목표를 세워보자. 이때, 내 역량보다 한 단계 높은 수준의 목표를 설정하는 것이 좋다. 목표 난이도가 살짝 높으면 더 많이 노력하게 되고, 도달하지 못하더라도 결과적으로 더 높은 성과를 낼 수 있기 때문이다. 의욕이 넘쳐 지나치게 높은 목표를 설정하는 건 금물이다. 내가 이렇게 열심히 했는데 회사가 인정하지 않는다는 생각이 들면 승진 등의 보상을 기대하게 되고, 이것이 오히려 사기를 떨어뜨릴 수 있다. 내가 성장할 수 있는 적정선을 찾자.

쏟아지는 업무 메시지가
부담된다면

디지털 트랜스포메이션 Digital Transformation 의 시대다. 디지털 기술이 우리의 삶 곳곳에 영향을 주고 있다. 특히나 코로나19와 맞물리며 회사생활도 생각지 못한 국면을 맞이했다. 전통적인 근무 형태를 깨고 현실이 되기 쉽지 않을 것이라 생각했던 재택근무가 시작됐다. 노트북, 스마트폰, 클라우드 서비스 등 디지털 인프라를 적극 활용해, 각자 일하고 싶은 곳에서 실시간으로 의견을 주고받으며 협업하는 세상이 진짜 눈 앞에 펼쳐진 것이다.

그런데 우리는 실시간 소통이 가능한 환경이 고민되고 고통스러울 때가 있다. 쏟아지는 채팅창과 메시지에 업무를 방해받을 때도 있고, 실시간으로 응답해야 한다는 강박에 시달리기도 한다. 연락하는 입장에서도 조심스럽기만 하다. 분명 업무적인 연락임에도 왠지 상대방에게 불편을 안겨줄까 전전긍긍한다. 또 상대방이 내 메시지에 응답하지 않으면 초조하기도 하고, 더러는 텍스트에서 느껴지는 건조함에 위축되거나 상처를 입기도 한다.

실시간 소통의 고충을 잘 아는 만큼 상대방을 배려하는 방법을 찾아야 할 필요가 있다. 업무적인 연락을 늦출 순 없다. 각자의 업무 일정에 확인이 필요한 일일 수도 있고, 잊기 전에 말해야 하는 경우도 있다. 그렇다면 받는 사람의 반응이 중요하지 않을까? 급하게 진행되어야 하는 일은 주로 전화로 오고 간다. 메신저나 협업툴에서의 소통이 물론 다 긴급하지 않은 것은 아니지만, 우선순위 2, 3순위 정도인 경우도 많다. 그런 때는 '메시지를 보았으나 지금은 바쁘니 일이 끝나면 연락하겠다'는 아주 간단한 표현만 해도 원활한 소통을 이어갈 수 있다. 이모티콘 하나만 보내주어도 상대방을 안심시킬 수 있다. 잘 전달이 되었다는 걸 확인한 상대방이 더 이상 메시지를 쏟아내진 않을 테니 정신 없는 상황도 예방할 수 있다.

현대모비스는 TEAMS*나 M365**를 비롯한 다양한 업무 툴 tool 을 사용한다. 각 툴마다 간단한 이모티콘과 메시지 전송이 가능하다. TEAMS에서는 엄지손가락 이모티콘으로 '좋아요'를, M365에서는 웃는 모습의 이모티콘으로 '당신의 메시지를 확인했다'라는 내 의사를 알릴 수 있다. 업무 툴에 이런 기능이 있다는 사실을 모두 알고 있지만 활용도는 낮다. 사람들 대부분이 필요하지 않다고 생각하기 때문이다. 하지만 클릭 한 번으로 동료에게 신뢰감을 줄 수 있다면 활용해볼 가치는 충분하다. 하이브리드 근무 이후, 동료 간의 신뢰는 빠른 응답에서 시작된다고 한다. 어디서든 상대방의 이야기에 귀 기울이며, 업무 진행 상황을 잘 파악하고 있다는 제스처를 취해야 한다. 무응답에 대한 상대방의 두려움이 줄어들고 나에 대한 신뢰감을 높이는 방법, 1초면 충분하다.

* 마이크로소프트에서 윈도우 OS를 기반으로 개발한 협업툴
** 마이크로소프트에서 개발한 온라인 구독 기반 오피스 프로그램

언젠가 퇴사하겠지만 행복하게 일하기로 했습니다

메시지로 업무에 집중할 수 없는

상황이라면 이렇게!

협업 또는 업무 관련 메시지가 끊이지 않아 일에 집중할 수 없다면 커뮤니케이션 집중 시간을 설정해보자. 정말 급한 이슈면 전화나 대면으로 요청 사항이 오갈 것이고, 메신저로 전달하는 이슈나 요청 사항은 시간적 여유가 있을 확률이 높으니 "해당 요청 사항은 ○○시까지 처리해드리겠습니다." 또는 "○월 ○일까지 답변드리겠습니다."라고 답한 후순서대로 업무를 처리하자.

밉상 선배 때문에
출근하기 싫다면

"저는 상대가 미울 때 상대의 귀여운 면을 보려고 노력해요."

〈서울체크인〉 구교환, 이옥섭 편 중에서

이 말을 처음 들었을 때 이해할 수 없었다. 미치도록 미운 상대를 보며 어떻게 꾸역꾸역 귀여운 면을 찾을 수 있을까 싶었다. 그런데 어느 날 신기하게도 내게도 이런 경험이 찾아왔다. 한때 중간 직급이 없는 팀에서 근무했다. 세대 차이를 크게 느끼면서 어떻게든 팀 분위기에 적응하려고 열심히 발버둥쳤다. 당시 한

언젠가 퇴사하겠지만 행복하게 일하기로 했습니다

선배의 쉴 새 없이 날아드는 참견과 선을 넘는 멘트에 번번이 멘탈이 털렸다. 당연히 마음이 뒤흔들릴 때마다 선배에 대한 미움이 커져 갔다.

미워하는 사람과 함께하는 회사생활을 겪은 사람이라면, 그 어려움을 너무 잘 알 테다. 하루하루가 지옥과 같았다. 선배의 목기침은 내게 눈치를 주는 것처럼 느껴졌고, 가까이 다가오기만 해도 오늘은 어떤 참신한 멘트를 날릴지 신경이 곤두섰다. 매일 아침 출근하기 싫은 것은 당연지사. 그러던 중, 선배와 단둘이 출장을 가야 하는 최악의 상황이 벌어졌다. 출장 당일, 편도 3시간의 불편한 동행이 시작된 KTX 안에서 선배는 머뭇거리는 듯하더니 큰 소리로 혼잣말을 늘어놓는다.

"아, 팀장님께 출장 보고를 또 어떻게 써야 하려나?"
"아! 일단 아내한테 기차 탔다고 보고부터 해야겠다! 안 하면 아주 혼~나요, 혼나."

아내한테 혼난다고? 내가 아는 그 선배가 맞나? 리드미컬하면서도 귀여운 투덜거림을 듣는 그 순간, 선배가 참 인간적으로 느껴졌다. 그렇게 마음의 벽이 허물어지자 기차 안에서 선배와 이런저런 사적인 대화를 나눌 수 있었고 '회사인간3' 정도였던 선배가 우여곡절도 있고 아픔도 함께 나누는 동료처럼 느껴졌다. 회사에서는 팀장님의 눈치를, 집에서는 아내의 눈치를 보는 이 시대의 흔한 가장인 그가 안쓰럽다는 생각까지 들었다. 그렇게 출장 가는 길의 대화는 나의 마음에 많은 변화를 일으켰다.

선배가 달라진 것은 아니다. 여전히 슬리퍼를 이리저리 끌고 다니며 주옥같은 꼰대 멘트를 비수처럼 탁탁 꽂고 있다. 하지만 그 사람의 이야기와 고충, 나름의 귀여운 투정과 마음도 알고 나니 스트레스를 받지도 않고 그저 웃기고 재미있다. 상대를 향한 미움이 빠지니, 괴로움이 사라지고 회사도 사람이 살아가는 따뜻한 공간처럼 여겨진다. 선배를 미워하지 않는 마음이 이토록 나에게 이로운 일이었다니!

함께 일하는 동료가 싫어서

무작정 피하고 싶을 때는 이렇게!

한번 싫어진 사람을 다시 좋아하기는 어렵다. 아무리 예쁘게 보려고 해도 싫은 마음이 쉽사리 사라지지 않는다. 하지만 그런 마음이 이어질수록 내가 더 힘들어진다는 사실을 아는가? 볼 때마다 화가 나고 신경이 거슬리는 것은 미워하는 마음을 가진 나 자신이지 상대가 아니다. 싫은 감정에 대한 영향력은 싫어하는 마음을 가진 사람에게 가장 크게 작용한다. '저 사람은 저래서 싫어'에서 '저 사람은 저런 특징을 가졌구나'라고 말해보자. 그리고 '나를 싫어하는 사람도 있을 거야'라고 생각을 전환해 보자. 특별히 나쁜 사람이 아니라면 나와 안 맞는 점이 있을 뿐이다. 어디에서나 일어나는 일이라고 생각하고, 싫은 동료에 대한 관심을 끊어보자. 미운 점에 무심해지다 보면, 어느 날 그 동료의 장점을 발견할 수 있을지도 모른다.

비협조적인 동료와
일해야 한다면

우리 회사에는 구성원들이 서로 감사 카드를 주고받으며, 받은 카드로 게임을 해서 마일리지를 적립하는 사내 감사 카드 플랫폼 '플러스알파'가 있다. 플러스알파가 1주년이 되었다는 소식에 문득 내가 주고받은 카드들이 궁금해졌다. 카드함을 열어보니 팀원, 프로젝트 동료, 업무적인 교류가 있던 직원, 반가운 선후배와 주고받은 카드들이 보인다.

"빠르고 친절한 도움 감사합니다."

"도와주신 덕분에 이번 일 잘 마무리할 수 있었습니다."

"귀찮게 했는데 잘 도와주셔서 고마웠어요."

같이 했던 일이 어렴풋이 떠오르는 편지들을 읽으며 예상보다 많은 사람과 협업했다는 사실을 깨달았다. 비교적 협업 빈도가 낮은 업무에 적극적으로 표현하지 못하는 내향적인 성향이라 이 플랫폼을 자주 이용하지 않은 편이었는데도 말이다. 그런데 카드의 메시지를 보며 마음 한편에 부끄러움이 올라왔다. 내가 감사를 표현한 것보다 받은 게 더 많았기 때문이다. 내 업무 역시 온전히 혼자 할 수 있는 일이 아니고 분명 많은 분의 도움을 받았을 텐데 준 것보다 받은 게 많다니. 표현에 인색했던 것 같다.

2005년 청룡영화제에서 배우 황정민은 카메라 뒤에서 묵묵히 일한 동료 스태프들의 공로에 감사 인사를 전했다. 그의 말에 영화 관계자들은 물론 시청자였던 내 마음도 따뜻해졌다. 스태프들도 아마 그의 말을 들으며, 어느 현장에서 일하든 감사함을 표현할 줄 아는 좋은 동료가 되고 싶다고 생각하지 않았을까? 나 역시 감사 카드를 통해 동료의 온기를 느끼며, 다음에는 정말 멋

지게 협조하고 나도 감사함을 전달해야겠다는 다짐을 했으니 말이다.

자동차를 만드는 과정은 협업의 연속이다. 자동차의 구성 요소가 다양한 만큼 수많은 부서가 있으며 각 부서가 서로 긴밀히 협업할 때 제품이 완성된다. 이 필연적인 과정을 통해 우리 회사의 많은 사람들이 큰 책임감을 느끼며 일하고, 그 책임감 때문에 때로는 협업이 상당히 어려워질 때가 있다. 이해관계가 얽히고 협조가 난제가 될 때 특히 필요한 것이 감사라는 생각이 든다. 각 부서가, 각 부문의 담당자들이 최선을 다해 좋은 성과를 만들기 위해 노력하고 있음에 감사한다면, 요청하는 자세도, 협조하는 자세도 달라질 것 같다. 그렇게 된다면 극한의 갈등도 어쩌면 피할 수 있지 않을까.

MO;HAPPY

더 원활한 협업을

이끌고 싶다면 이렇게!

업무 협조를 요청했을 때, 상대에게서 뜨뜻미지근한 반응이
나 거부 의사가 돌아오면 속에서 울분이 차오른다. 온갖 생
각이 스칠 때는 먼저 감정부터 다스리자. 내 기분이 중요하
니까! 그런 다음, 상대방을 잘 설득할 방법을 찾아야 한다.
이때 4가지 단계로 상대방을 협업으로 끌어오자.

1. 그 일을 해야겠다는 마음이 들도록 첫 메시지에서 일의
   맥락과 추진 배경, 중요성을 잘 설명한다.

2. 상대방이 적임자인 이유를 언급하라! '왜 하필 나인가?'

라는 생각이 들지 않게 해야 한다.

3. 상대방의 업무 상황과 제약 조건을 고려해 요청할 일을 조율한다. 무작정 다 맡기겠다는 생각은 금물이다.

4. 일을 마친 후 상대방이 얻을 수 있는 것에 대해 사소한 것이라도 언급해보자. 당신에게 내가 보낼 수 있는 감사, 당신으로 인해 달라질 성과 등을 예측할 수 있도록 전달한다.

회사 일로 협조를 요청하는데 구구절절 낯간지러운 말을 해야 하나 하는 생각이 들 수도 있지만, 듣기 좋은 말을 싫어하는 사람은 없다. 협업을 위해서라면 선의의 플러팅도 필요하다.

어색한 동료와
친해지고 싶다면

매주 화요일마다 셀장*과 책임연구원이 참석하는 프로젝트 정기 회의가 열린다. 오늘도 시작된 정기회의, 정 책임이 회의실 문을 열고 들어와 옆자리에 앉는다. 정 책임과는 동기이지만 평소 교류가 없고 친한 사이도 아니어서 가볍게 인사만 하고 각자의 노트북, 패드로 시선을 돌렸다. 그날따라 회의가 길어져서 잠시 쉬는 시간을 갖기로 했다. 이른 아침부터 시작한 회의로 피곤해 커

● 현대모비스에서는 관리직 파트는 '팀', 연구직 파트는 '셀'이라는 명칭이 붙고, 각 조직의 리더를 '셀장', '팀장'이라 부른다.

언젠가 퇴사하겠지만 행복하게 일하기로 했습니다

피를 마시러 사무실 내 라운지로 가니 정 책임이 앉아 있었다. 눈이 마주쳤지만 왠지 민망해서 다른 곳으로 옮길까 고민하던 찰나, 그가 먼저 말을 건넸다.

"안녕하세요, 황 책임님. 아침이라 피곤하시죠? 커피 한 잔 하실래요?"

평소 한마디도 나눠본 적 없고, 개발 분야도 달라 협업할 일도 없던 사이라 어색하기만 했다. 회의 시간에 본 그의 모습은 무뚝뚝하고 날카롭게만 느껴졌다. 그런데 갑자기 따뜻한 인사와 함께 커피를 마시자고 말을 거는 것이 아니겠는가? 그가 직접 커피를 내려 건네주며 조심스럽게 말했다.

"아까 회의 시간에 황 책임님이 발표했던 안건 말인데요. 혹시 좀 더 구체화된 자료가 있을까요? 제가 진행 중인 프로젝트에 비슷한 문제가 있는데, 괜찮으시다면 도움을 좀 받을 수 있을까 해서요."

온화한 웃음과 친근한 말투로 다가오는 그의 모습이 새로웠다. 회의 때의 모습만 보고 나와는 업무 스타일이 전혀 맞지 않을 것이라 예단했는데, 그날 나눈 대화로 그가 다정하고 업무에도 열정적이며 내가 한 말을 모두 기억하는 세심한 사람임을 알게 되었다. 어쩌면 나는 그와 가까워질 계기가 충분히 있었음에도 선입견을 가지고 속단한 것은 아닐까? 그날 회의가 끝난 후에 자료를 모아 보냈더니 몇 분 후 알람이 울린다. 감사하다는 인사말과 함께 보내온 정 책임의 땡스카드였다. 그의 따뜻한 인사말에 왠지 서로 도움이 될 수 있는 든든한 동료를 만나게 된 듯해 기쁘다. 아마도 좋은 에너지를 주고받는 사이가 될 것 같다.

동료에게 먼저 다가가기

어려울 땐 이렇게!

어디에든 어색한 사람은 있다. 가까워지고 싶지만, 업무상 자주 마주치지 않아서 섣부르게 다가가면 부담을 줄까 고민될 때도 있고, 누가 봐도 성향이 반대지만 함께 일하기 위해 가까워져야 하는 때도 있다. 그런 때는 다른 사람의 도움을 빌리자. 조직 내에서 인맥이 넓은 동료에게 도움을 청해 친해질 기회를 만들어보자. 둘보다는 셋이 덜 어색하니 편한 동료를 매개로 티타임이나 식사를 요청해보자. 호감을 보이며 적극적으로 다가오는 사람을 마다할 사람은 없다.

협력사와 신뢰를 쌓으려면

여느 때와 다름없이 컴퓨터를 켜고 자연스럽게 바탕화면의 SAP®를 열어 고객사 서열을 확인했다. 하루 동안의 업무는 보통 출근과 동시에 10분 안에 결정되는 듯하다. 하나씩 클릭할 때마다 어제와 다르지 않길 간절히 바라는 마음으로 확인한다. 전날 고객사 계획과 우리 공장이 보유한 재고를 확인하고 온종일 실

- Systems, Applications, and Products in data processing의 약어. 재무, 인사, 제조, 영업, 구매, 유통 등 여러 비즈니스에서 취합된 데이터를 수집하고 통합하는 시스템

언젠가 퇴사하겠지만 행복하게 일하기로 했습니다

랑이한 끝에 겨우 계획을 수립해 두었다. 대체로 다음 날 변동 없이 지나가는 편이지만 이날은 아침부터 너무 정신이 없었다. 2년 가까이 생산하지 않던 사양이 반영되었기 때문이다. 한숨 쉬는 시간조차 아까워 긴급히 회의를 소집하고 의견을 모았다.

'같은 사양이 있어야 하는데…….', '재작업할 수 있는 사양은 뭐지?' 수만 가지 생각을 떠올리면서 내게 떨어진 여러 일들을 처리해야 했다. 제조 공장에서 가장 무서운 단어는 '결품'이다. 평소 설비 고장으로 가동률이 저조할 때도 있고 품질 불량도 발생할 때도 더러 있지만, 다른 그 어떤 것보다 결품은 절대 있어서는 안 되는 대재앙이다. 그렇기에 결품 이슈가 발생하면 유관 부서도 본인들의 일을 잠시 뒤로 미뤄두고 내 일처럼 적극적으로 도와준다. 결품 위기가 올지도 모르는 상황이라 이번에도 여러 부서와 함께 협의하고 갖가지 방법을 동원해 계획을 조율했다.

그러나 여기서 끝이 아니다. 현대모비스 역시 또 다른 누군가에게 고객이 된다. 나처럼 매일 아침 출근하면 긴장하며 우리의 계획안을 확인할 수많은 협력업체들에게 그렇다. 내가 고객사 계획이 변경될 때마다 힘들어하듯, 그들도 나와 같은 상황을 겪게 된다. 오히려 더 열악하고 힘든 상황일 수도 있다. 그럼에도 오로지 결품을 내지 않으려고 열심히 대응한다. 조율한 계획안을 확인한 협력업체가 연달아 전화를 걸어온다. 나는 비슷한 말로 여러 협력업체에 양해를 구했다.

"고객사 계획이 바뀌어서 어쩔 수 없네요……." 그들과 소통하며, 내 고객도 이런 마음이었을까 생각하곤 한다. 오늘도 협력업체에서는 고객인 나를 물심양면 도와주었고, 그 덕분에 고비를 무사히 넘길 수 있었다. 그들의 친절이 고맙고 든든하다. 나 또한 나의 협력업체처럼 내 고객에게 든든한 파트너인지 생각해 본다.

언젠가 퇴사하겠지만 행복하게 일하기로 했습니다

협력업체와의 관계로

고민된다면 이렇게!

세상에는 영원한 갑도 영원한 을도 없다. 대기업에서 일하는 동안은 협력업체에게 갑이지만 협력업체와 계약관계를 떠났을 때, 협력업체의 직원은 우리의 제품을 사용하는 고객이 될 수 있다. 내가 회사를 그만두는 순간, 회사의 고객 또는 잠재고객으로서 나는 회사에 갑이 될 수도 있지만, 다른 기업으로 이직해 협력업체 직원인 을이 될 수도 있다. 영원한 갑도 을도 없는, 돌고 도는 무한 루프랄까? 그래서 요즘은 계약서에도 갑과 을이라 표현하지 않고 계약서 자체를

'동행 계약서'라는 이름으로 작성하기도 한다. 업체, 용역이 아닌 프로젝트의 성공을 위해 동등한 입장에 선 파트너라는 생각으로 임하자. 그럴수록 우리는 서로의 입장을 충분히 배려하며 일할 수 있게 된다.

이유 없이 시키는 일에
지쳐간다면

큰 조직에는 내 업무 외에도 추가되는 일들이 있다. 이른바 '관리업무'. 조직이 커지며 경영진이 알아야 할 내용이 너무 많아, 시간이 부족한 경영진에게 최대한 요약된 정보로 빠르게 전달하기 위해 생긴 일이다. 그리하여 자연스럽게 이런 업무를 담당하는 관리과장이라는 담당자가 새로 생기고, 이들은 메일로 현업 팀에 양식을 전달하며 자료와 보고서 취합을 요청한다.

취합 명사 모아서 합침

이미 있는 것들을 모아서 합치는 업무는 생산성 있는 업무라고 보기 힘들다. 일일 이슈 사항, 주간업무보고, 월간회의 자료, 조직장 주간회의 자료 등, 정기적인 취합 업무도 점점 늘어나니 현업에서는 양식만 바꿔서 같은 내용을 그대로 붙여 넣기도 한다. 취합 부서는 보고 자료 내용을 파악하기 위해 다시 현업에 연락해 물어본다. 주간업무보고에 넣은 내용이 어떤 내용인지 물으면 현업에 닥친 이슈도 대응하기 바쁜 담당자는 다시 설명해 주어야 한다. 일이 많거나 신경 쓸 일이 많은 현업 담당자의 경우, 연락이 잘 닿지 않기도 한다. 연락이 닿아도 버럭 짜증부터 내기 일쑤다. 옆 팀 관리과장 역할인 이 책임매니저가 업무에 질려갈 무렵, 이번에는 회의 하나가 새로 생겼다. 매주 임원 간담회를 열기로 했단다. 간담회에서 나눠야 할 주제를 정리해야 하니, 취합 담당자는 간담회 이슈를 현업에 요청하라는 지시다. 양식을 만들어 요청 메일을 보내면 전화해서 짜증 낼 사람이 여럿 떠오른다. 지난주에도 메신저에 답이 없는 박 책임에게 전화했다가 10분간 불평만 들었다.

팀장님에게 하소연을 해본다.

"팀장님, 또 취합을 요청하면 분명히 현업에서 짜증 낼 텐데요……."

그러나 팀장님은 직원들의 입장보다 경영진의 호통이 더 걱정이다.

"일단 시키면 해야지 무슨 이유가 많아? 간담회 들어가서 윗분 난감해하시면 어쩌려고?"

이 책임은 더는 말을 잇지 못하고 자리로 돌아간다. 그리고 생각한다. '이 일은 누구를 위한 일인가? 회사를 위한 건가? 특정 한 사람을 위한 일인가?'

일을 하는 이유와 목표가 불분명하니 한숨만 나오고 메일에 한 자 한 자 적기도 버겁다. 결국 메일을 보내고 여러 사람의 짜증을 들으면서 겨우 자료를 취합했다. 간담회 전날 오전, 준비된 자료를 들고 팀장님에게 갔더니 간담회가 취소되었다며 다행이라고 한다. 사장님의 갑작스러운 해외 출장 일정으로 이번 주 간

담화는 하지 않기로 했다나. 책상 위에 올려진 보고서를 힘없이
바라보며 물었다.

"이 보고서는 이제 의미 없겠네요?"

팀장님이 대꾸한다.

"이번 주는 그렇지. 다음 주에도 준비를 잘 부탁하네."

핑계 없는 무덤은 없다더니, 이유 없는 일은 있나 보다.

언젠가 퇴사하겠지만 행복하게 일하기로 했습니다

이유 없는 일을
이유 있게 만들려면 이렇게!

이유 없는 일은 하기 싫은 일이 된다. 게다가 이유 없는 일이 반복되고 그 일을 해야 하는 사람이 나뿐이라면, 내일 당장 사표를 던지고 싶어질 것이다. 지금 퇴사하고 싶지 않다면 먼저 이 일을 왜 하는지 상사에게 물어봐야 한다. 그러나 '나도 모른다'라거나 '그냥 해야 하니 하라'라는 뻔한 답이 돌아온다면, 내가 할 수 있는 선에서 그 일을 가장 빠르고 효율적으로 할 수 있는 방법을 찾아 일하는 방식을 바꿔보자. 그리고 동료에게는 이 일이 공식적인 일임을 어필하고,

나는 전달하는 역할임을 상기시켜서 불만을 상쇄하자. 왜냐하면 나의 자존감은 소중하니까. 여기서 가장 위험한 행동은 '나도 이 일을 왜 하는지 모르겠지만 시키는 거니까 그냥 해달라'는 읍소다. 누구에게도 도움이 되지 않는 불편한 감정이 이입되면 이후 업무를 진행하는 데 걷잡을 수 없는 불평의 파도만 돌아오게 되니 반드시 유의하자.

목표 달성이
막막하게만 느껴진다면

오늘도 고객의 요구사항을 맞추려고 설계의 여러 인자를 바꾸며 광학해석●을 30번 넘게 돌렸다. 성능이 조금 개선된 듯 보였지만 마음에 들지 않았다. 오늘도 특별한 성과 없이 시간만 째깍째깍 잘도 흐른다. 고객사와 약속한 일정은 점점 다가오고 있고 초조한 마음과 짜증이 동시에 밀려온다. 그런데 집에 가기 전 해야 할 일이 하나 더 있다. 바로 영어 공부다. 올해는 영어 공부를 매

● 빛의 원리가 적용되는 광학계 제품을, 실제품 제작 전에 품질과 성능을 사전에 알고 설계 단계에 반영하기 위한 광 해석 및 분석 단계

일 1시간씩 하는 것을 자기 계발 목표로 세웠다. 연구원들의 역량을 높이기 위해 자기 계발을 독려하는데, 이번에 나는 영어 능력을 키우기로 한 것이다. 1시간이면 긴 시간이 아니라고 생각했는데 막상 시간을 내려니 부담스러웠다. 내일로 미루고 싶다는 생각이 자꾸만 들자, 마음을 고쳐먹기 위해 커피 한 잔을 뽑으러 갔다. 하지만 홀짝홀짝 마셔서 줄어드는 커피만큼 하고 싶다는 마음도 점점 사라졌다. 결국 통근버스 시간이 다가왔다는 핑계로 영어 공부를 내일로 미뤘다.

매일 주어진 숙제를 하기도 어려운데, 큰 성공은 언감생심 남의 일인 것 같다. 회사 업무에서도, 개인의 삶에서도, 작은 성공을 한 번 하기가 여간 힘든 일이 아니라는 생각이 들자, 문득 하루 1시간 영어 공부가 결코 작은 목표가 아니었음을 깨달았다. 퇴근길에 전략을 수정했다.

첫째, 시작하기 쉬운 목표를 정한다.

부담을 줄이고 시작에 집중하기로 한다. 영어 공부 목표를 1시간에서 10분으로 대폭 줄였다. 그리고 영어 공부와 광학해석

언젠가 퇴사하겠지만 행복하게 일하기로 했습니다

업무의 순서를 바꾸었다. 영어 공부는 10분이면 되니 완료할 가능성이 높으므로 빨리 끝낼 수 있는 일부터 하기로 한 것이다. 다음 날 아침, 영어 리스닝과 스크립트 리딩을 했다. 10분은 정말 금방 흘렀다. 1시간과 비교해 부담이 훨씬 줄어드니 더 하고 싶다는 생각이 들었다. 5분만 추가해서 영어 듣기를 반복했다. 오늘의 목표 한 가지를 달성하니 다음 업무에도 의욕이 생긴다.

둘째, 완벽한 목표는 없다. 목표도 바뀔 수 있다.

광학해석 업무 목표를 '이번 미팅에서 고객사 요구사항 전부를 만족시키는 것'에서 '현재 수정하고 있는 과정을 먼저 소개하는 것'으로 바꾸었다. 최종 목표에 도달하기 위해서, 그동안 고민하고 연구한 내용을 공유하고 의견을 나눌 기회로 만들어보자는 생각이었다.

고객사에 현재까지의 결과를 설명하고 의견을 나누고 싶다고 메일을 보냈다. 협의한 목표를 수정해서 걱정이었는데, 고객사에서 흔쾌히 OK 해주었다. 처음에 생각한 목표와 달리 중간 논의의 자리가 된 고객사 미팅에서 해석과정을 설명하고 경험을 공유하면서 생각지 못한 아이디어가 나왔다. 방향이 뚜렷하진 않지만, 실마리를 찾은 것이다. 이 미팅으로 지지부진하던 연구의 개선 방향을 잡는 소득을 올렸다. 더불어 최종 마감일도 조금 더 확보할 수 있었다. 물론 프로젝트의 도달점을 생각한다면 시작에 불과하다. 하지만 일이 진전되니 다음 스텝도 잘 해내리라는 믿음이 생긴다. 큰 기대를 줄이고 목표를 조절했더니 이후의 길이 갈 만해 보인다.

목표가 너무

거대해 보인다면 이렇게!

도달할 길이 보이지 않고 달성이 버거운 커다란 성공을 목표로 자꾸 실패만 반복되면 스스로가 작아지고 위축되기만 할 뿐이다. 큰 성공이라는 종착지에 도달하기 위해서는 하루하루가 소소한 성취들로 촘촘히 엮여있어야 하지 않을까? 작게 시작하면 실패 가능성은 낮아지고 성취는 빨라진다. 실패했다면 실패를 손해가 아닌 투자로 바꿔야 한다. 그러기 위해서는 현재 잘한 점과 부족한 점, 바꿔야 하는 점을 잘 분석해야 한다. 실리콘밸리에서는 포스트모텀Postmortem

이라는 것이 있다. 사인을 명확하게 밝히기 위해 시신을 부검하듯, 실패 과정을 상세하게 분석하고 학습해 새로운 시도를 하는 방법이다. 나의 실패를 가만히 들여다보고 스스로 개선점을 찾아보자. 작게 시작하고 작게 실패하다 보면, 어느새 길의 끝에 도달해 있을 것이다.

Chapter 2

같이 일하기

누구에게든 따뜻한 히어로가 되는 법

티타임의 정석이
궁금하다면

"3개월 후에 열릴 테크쇼*에 기술을 출품해야 하니, 주제와 전시 방법 아이디어를 간단하게 정리해 내일 상무님과 같이 논의해 봅시다."

퇴근 직전 셀장의 메시지에 머리가 복잡해졌다. 아이디어 수준의 정리면 된다고 했지만 매년 하는 수준의 평범한 기획은 하

* 디지털 혁신을 주도하는 최신 기술 트렌드를 선보이는 전시회

기 싫었다. 그런데 일정상 기술을 체험할 수 있는 새로운 전시품을 만들기에는 시간이 너무 빠듯하고, 기존처럼 판넬과 샘플만 전시하는 방식은 효과적이지 않을 것 같다는 생각을 하며 밤새 잠을 이루지 못하고 뒤척였다. 다음날 아이디어 정리를 위해 1시간 일찍 출근했다. 곧장 오피스 카페로 갔는데 같은 팀 천 책임이 있었다. 이른 아침이라 출근한 사람이 없을 것이다 생각했기에 반가운 마음에 서로 안부를 주고받았고, 자연스럽게 요즘 업무에 대한 이야기를 나누게 되었다. 어젯밤 잠을 이루지 못하게 했던 테크쇼를 떠올리며 한숨을 쉬자, 천 책임이 무슨 일이 있냐고 물었다.

테크쇼가 고민이라고 하니 천 책임이 이것저것 질문하기 시작했다. 이야기가 길어질까 처음엔 대답하기 부담스러웠다. 그런데 신기하게도 천 책임의 질문에 답할수록 복잡했던 머릿속이 일목요연하게 정리되었다. 혼자 고민하던 것보다 더 쉽게 주요한 내용들이 머릿속에 자리 잡아 갔다. 천 책임은 자기의 테크쇼 경험을 토대로 목적, 전시 대상, 기대 성과를 주요하게 정리하는 것이 중요하다는 조언을 건넸다. 그리고 어느 정도의 기준이 가

언젠가 퇴사하겠지만 행복하게 일하기로 했습니다

장 효과적이었는지 노하우를 전수해주니, 내가 할 일이 더욱 명확해졌다.

평소 허투루 시간을 쓰는 게 싫어서 우연한 만남, 의미 없는 대화를 피하곤 했는데 오늘의 잡담은 무척 생산적이었다. 이후로는 종종 동료들과 잡담을 즐긴다. 때로는 새로운 노하우와 방법을 터득하기도 하지만, 그냥 동료와 고민을 터놓고 이야기한 것만으로 일에 몰두할 수 있었다. 조금이나마 근심을 떨치고 마음이 가벼워졌기 때문이다. 그래서 일이 잘 안 풀리면 도미노처럼 다른 일에 영향을 미치는 사태들도 줄어들었다. 왜 '배달의 민족'이 잡담의 효과를 말했는지 공감이 된다. 그날 천 책임과의 대화 덕분에 기획안은 무사히 통과되었다. 비록 우연이었지만, 커피한 잔 덕분에 마음고생, 몸고생을 더는 티타임의 정석을 몸소 겪은 날이었다.

잡담을 Job담으로

만들려면 이렇게!

당장 업무하기도 벅찬데 왜 티타임이 필요한지 모르겠다는 이들이 종종 있다. 우리가 혼자서 하는 일에는 늘 한계가 있다. 그렇다고 내 업무로 바쁜 동료를 붙잡고 설명하거나 회의를 추진하는 일도 쉽지 않고, 메일로 관련 답변을 요청하면 주로 형식적인 답변만 받기 마련이다. 오히려 커피 한 잔으로 사담도 나누며 편안한 분위기에서 업무 이야기를 꺼낼 때, 더 효과적이고 좋은 아이디어를 얻을 수 있다. 티타임은 동료와 교류할 기회이지만 어떻게 활용하느냐에 따라 덜 외롭게 일하고 업무 생산성을 높일 수 있는 시간도 될 수 있다. 불필요한 잡담, 무의미한 수다가 아닌 각자의 생각과 정보가 모여 고민이 해소되고 함께 똑똑해질 기회임을 기억하자. 단, 업무 이야기를 하다가 불만으로 이어지지 않도록 서로 하소연하는 것만은 경계하자.

고인물이 아닌
존경받는 선배가 되고 싶다면

어느덧 10년 차, 이제 회사에서 선배라는 자리에 안착하게 된 것 같다. 새로운 업무보다는 익숙한 일이 많고, 회사 곳곳에 내가 알지 못하는 영역은 더 이상 없어 보인다. 그래서 어느덧 흔히 말하는 꼰대가 되어 젊은 후배들의 생각을 따라가지 못하게 된 건 아닌가 싶다. 벌써 후배들을 잘 모르겠다는 생각이 들 때, 특히 그렇다. 나도 MZ세대에 속하는데 후배들의 반응이 당황스럽고, 그들이 쓰는 단어도 생소하게 느껴지곤 한다. 그들의 마음을 100% 따라가진 못하더라도 꼰대라고 평가받기보다는 좋은 선배

언젠가 퇴사하겠지만 행복하게 일하기로 했습니다

이고 싶다. 더 나아가서는 존경받는 리더가 되고 싶다. 어떻게 하면 후배들이 따르는 리더가 될 수 있을까? 무엇을 해야 하며, 어떤 방식으로 소통하는 것이 좋을까? 리더십의 전문가들은 어떤 이야기를 할까? 책도 읽고 롤모델로 삼은 선배들의 모습도 관찰하며 나름대로 이것만은 실행하자는 원칙을 정했다.

첫째, 일을 이유 없이 시키지 않는다.

일을 시킬 때 왜 해야 하는지 알려주지 않고 지시만 하는 상사가 생각보다 많다. 소위 일을 던진다고 표현하는데, 지시를 받으면 의도는 눈치껏 파악해야 한다. 선배들 역시 '시키는 대로 하는' 문화에 적응해서 그렇기도 하고, 대부분 '왜'라는 업무 목적이 이미 깊이 자리 잡고 있어 당연하게 느껴지다 보니 팀원이나 후배들에게 설명이 부족한 경우도 있다. 하지만 일을 받은 입장에서는 삽질을 하다가 일의 효율과 의욕이 떨어지며 불만이 터져 나올 수 있다. 일을 잘 시키는 팀장은 팀원에게 일의 목표와 이유를 충분히 설명해준다. 아무것도 모르는 아기새를 대하듯 친절하게 팀원이 가야 하는 길의 이정표를 제시한다.

둘째, 좋은 리더는 계속해서 의견을 묻는다.

흔히 상사가 되면 착각하는 것 중 하나가 '내가 가장 많이 알고 있다'고 생각하는 점이다. 그런 리더 중에는 팀원을 아바타처럼 대하며 보고만 강요하는 분도 있다. 그런 경우 일하는 사람의 입장에서는 일에서 성취감이나 자신감을 얻기가 매우 어렵다. 성장 또한 어렵다. 존경받는 리더는 본인의 지식이나 노하우에만 의지하지 않고 팀원의 의견을 계속해서 묻고 피드백하며 더 좋은 결정을 하기 위한 방법을 고민한다. 나보다 경험이 많은 리더가 질문을 던질 때, 팀원은 존중받고 있음을 느낀다. 이 과정에서 서로의 신뢰가 쌓이는 것은 불론이고 시너지 효과도 높아지니, 더 좋은 성과가 나는 것은 당연한 결과일 터다.

셋째, 존경받는 리더는 미래보다 현재를 보장한다.

일을 하다 보면 팀 내에서 어려움이 다양하게 발생한다. 팀원들은 문제 해결을 요청하고 요구사항을 말한다. 그런 때 '나중에'라는 말보다는 어떤 형태로든 지금 해결하기 위해 노력한다면 훌륭한 리더다. 당장 근본적인 해결은 못 되더라도 대안을 제시하기 위해 노력하는 모습에서 리더가 내 문제에 귀 기울이고 있음을 실감하게 된다. 나아가 적극적으로 대처하는 것만으로도 이미 많은 문제가 해결될 때도 있다. 그러니 문제를 회피하지 않는 것이 중요하다.

이런 모습 이외에도 존경받는 리더의 면모는 더 있을 것이다. 후배들마다 리더들에게 기대하는 바도 다르고 좋은 리더를 판단하는 기준도 다양할 것이다. 꼰대라는 오답은 있어도 좋은 리더라는 정답은 없어 보인다. 하지만 이 세 가지만 지켜도 괜찮은 리더라는 말을 듣지 않을까. 물론 이 세 가지를 실행하기도 어렵긴 하지만 말이다.

처음 리더가 되어

일을 시키기 어려울 때는 이렇게!

리더가 되어 가장 먼저 당면하는 어려움은 업무 지시다. 특별히 업무 지시법을 배운 것도 아니어서, 일을 분배하고 권한을 위임하는 일은 다수의 신입 리더들의 상위 고충 목록에 있다. 일을 분배하는 과정은 팀원의 역량과 성장까지 고려하는 일이기에 생각이 더 복잡해질 수 있다. 업무를 지시하기 전, 업무의 의미를 정하자. 그리고 내가 이 일을 지시하는 이유, 일에서 더 나은 방법을 유도해야 하는 이유를 스스로 면밀히 탐구하자. 생각이 다 정리되면 팀원들에게 통보하지 말고 팀원들과 의논하자. 팀원들의 니즈와 의견이 다를 수 있으니 그들의 생각을 반영할 여지를 두고 이야기를 시작하는 것이 좋다. 업무, 조직 관리의 지향점을 세우고 이를 바탕으로 팀원들이 각자 목표와 WHY를 잘 설정할 수 있도록 공유하고 리드하는 것이 리더의 가장 중요한 역할이다.

부서 간 입장 차이가
좁혀지지 않는다면

우리는 회사뿐 아니라 일상에서도 의사결정을 하며 살아간다. 오늘 저녁에 무엇을 먹을지, 이번 휴가는 어디로 떠날지, 다음 이사는 어디로 갈지 등 사소한 것부터 결혼과 같은 인생의 중요한 결정까지. 그러나 매번 복잡한 이해관계, 여러 정보, 가설 속에서 최선의 선택을 하기는 하늘의 별 따기처럼 어렵게 느껴진다.

회사는 일상적 관계보다 더 복잡한 이해관계로 얽혀 있고, 다양한 요구사항과 변수가 존재한다. 프로젝트는 오죽할까? 프로

언젠가 퇴사하겠지만 행복하게 일하기로 했습니다

젝트의 난이도, 참여한 부서의 수에 따라 수백 가지 이슈가 발생할 수 있다. 중대한 결정과 고비가 많을수록, 목표한 대로 정확하게 일을 끌고 가기 쉽지 않다. 그래서 진행 과정에서 길을 잃고 서로를 원망하면서 겨우 마무리되는 프로젝트도 생기곤 한다. 그런 프로젝트에서는 이런 대화가 한 번쯤 오고 간다.

"음……, A 기능도 있으면 좋겠어요. 이 기능이 있으면 B 기능까지 있어야 하는 것 알죠?"

"생산기술팀에서는 C 기능이 꼭 필요하다고 했어요."

"그러면 A, B 그리고 C 기능까지 고려해서 시스템 구현해 보시죠."

"그 기능을 모두 구현하려면 3개월에서 6개월로 기간이 늘어나는데 어떻게 할까요?"

"아……, 그럼 제일 빨리 되는 기능이 뭔가요?"

읽어 보면 감이 올 것이다. 이 프로젝트는 망해가는 중이다. 각자 부서에서 원하는 대로 기능을 추가하려다 보니, 기간이 늘어나고 프로젝트의 목표와 상관없이 되는 대로 제일 빨리 구현

되는 기능만 쫓는 모습이다. 이런 결정이 반복되면 프로젝트는 산으로 간다.

이때 내 일이 길을 잃지 않으려면 어떻게 해야 할까? 다시 처음으로 돌아가 프로젝트의 목표와 WHY를 되새겨 보아야 한다. 우리가 세운 목표는 무엇이고, 이 일을 하는 이유가 무엇인지 기억해야 한다. 중간에 조건이나 상황이 변했다면, 그 변화에 맞게 다시 목표를 수정해야 한다. '왜'가 확실하면 선택이 수월해진다.

"잠깐만요! 우리가 이 시스템을 구축하려고 했던 이유가 뭐였죠?"

"저희는 공정 개선을 통해 수율*을 높이고 다른 라인에도 수평 전개하려고 이 프로젝트를 시작했죠!"

"담당자님 저희 공정 개선에 필요한 기능인 C기능부터 POC**한 다음에 구현해 보시는 걸로 하시죠!"

● 투입 수에 대한 완성된 양품良品의 비율. 양품률이라고도 하며 불량률의 반대어

지금 우리는 어떤 대화를 나누고 있는가. 일정이 빠듯하니까, 비용이 정해져 있으니까, 이해관계가 복잡하고 설득하기도 힘드니까, 그냥 가장 쉽고 빠른 길로 가자고 타협하고 있진 않은가. 차선책은 필요하지만 늘 차선책만 선택하고 있다면, 오늘의 업무 현장에서 최선의 선택을 이끄는 목표와 WHY는 무엇인지 생각해 보자.

●● Proof of concept의 약어. 제품, 기술, 정보 시스템 등이 조직의 특수 문제 해결을 실현할 수 있다는 증명 과정. 아직 시장에 나오지 않은 신제품에 대한 사전 검증을 위해 사용

목표와 WHY를 어떻게 설정할지
막막하다면 이렇게!

사실 목표와 WHY를 정의하는 일은 쉽지 않다. 그래서 목표와 WHY를 외면할 때가 있다. 그때그때 하던 대로, 되는 만큼만 하다가 더 비효율적으로 업무가 흘러가곤 한다. 목표와 WHY가 정확하면 업무가 심플해진다. 혼자서 업무 비전을 세우기 어렵다면 함께 해보자. 프로젝트 시작 전이나 기획서 작성 전에 리더, 팀원과 목표와 WHY를 정의해 보자. 우리가 명확한 목표를 공유하면 망해가던 프로젝트가 마법처럼 살아날지도 모른다.

협업하는 도중
업무에 문제가 생긴다면

한가로운 금요일 오후, 사무실 내선 전화가 울린다.

"정성을 다하겠습니다. ○○팀 박 ○○입니다."

급했는지 통성명도 하지 않은 채 불만이 가득한 목소리가 수화기 너머로 들린다.

"안녕하세요. 지금 이게 조립이 안 됩니다. 문제가 있는 것 같은데요. 당장 내일 고객사로 납품되어야 하는데 어떡하죠?"

최근 조립처로 전달한 담당 제품이 다른 팀 제품과 원인을 알수 없는 문제로 조립되지 않는다는 이야기였다. 분명 우리가 확인했을 때는 조립에 문제가 없었다. 조립처는 당장 문제를 해결해야 해서 나를 다그쳤지만, 아무리 생각해도 바로 대응책이 생각나지 않아 상황을 최대한 빠르게 검토하겠다는 말을 남기고 전화를 끊었다. 바로 도면과 샘플을 꺼내 도면상의 치수와 실제 제품의 치수를 모두 검토했다. 아무리 봐도 문제가 발견되지 않았다. 문득 우리 팀 제품의 문제가 아니라는 생각이 들었다. 다른 팀 제품에 문제가 있을 수도 있다는 생각이 들자, 조립처 담당자의 불쾌한 목소리와 클레임이 왠지 화가 나고 억울했다. 우리 부품과 함께 결합하는 다른 부품 팀의 제품 담당자에게 전화를 걸었다.

"안녕하세요. 지금 조립처에서 저희 제품과 그 팀 제품이 조립되지 않는다고 하는데, 빨리 확인 좀 해주세요. 검토했는데 저희 문제는 아닌 것 같아요."

한껏 상기된 목소리로 상황을 설명하고 수화기를 내려놓았다. 안도해야 하는데, 나도 모르게 불편한 마음이 불쑥 올라온다. 옆에서 모든 상황을 지켜보던 팀장님은 '일 깔끔하게 잘하네'라고 추켜세웠지만, 그다지 기분이 나아질 기미가 보이지 않는다. 오히려 이게 정말 올바른 대처 방법이 맞는지 의구심이 든다. 부품이 조립되지 않는 이유가 다른 팀의 잘못이라는 증거도 없는데 일을 떠민 건 아닐까? 내가 도면을 더 꼼꼼히 봤어야 했나? 같이 확인해보자고 회의를 제안해야 했을까? 다른 제품 문제가 아니라고 하면 내일까지 어떻게 하지? 같이 해결해야 하는 일인데 혼자만 빠져나오려고 한 것 같은 모양새에 마음이 편하지 않다. 분명 더 나은 방법이 있었을 것이라는 생각이 들며 마음 한구석에 찜찜함이 쉬이 가시지 않았다.

협업할 때, 방어적으로
대응하지 않으려면 이렇게!

우리는 서로 다른 업무를 맡고 있지만, 하나의 목표와 결과물을 내기 위해 함께 달리는 동료임을 기억하자. 그리고 각자의 자리에서 최선을 다하고 있음을 믿어주자. 협업하면서 궁금한 점이 생길 때는 적극적으로 질문하고, 서로가 의견을 달리하거나 업무적인 간극이 발생했을 때는 충분한 논의를 주고받아야 한다. 또한 예측한 것과 달리 문제가 발생했을 때는 책임과 잘잘못을 따지기 전, 어떤 방법이 최선의 해결책일지 함께 찾으려고 노력하려는 자세가 필요하다. 일을 떠안아도 일을 쳐내도, 그것이 우리 일인 것은 변함이 없으니까 말이다.

협업 과정에서
갈등이 생긴다면

자동차 한 대에는 보통 2만 개에서 4만 개 정도의 부품이 들어간다. 수많은 부품이 각자 역할만을 잘하도록 만들어도 된다면, 현대모비스 구성원들은 좀 더 편하게 업무를 할 수 있을 것이다. 하지만 수많은 부품 간의 관계, 간섭, 조화를 고민하고 최선의 방법을 찾는 과정이 있어야 좋은 부품, 좋은 자동차가 만들어진다. 자동차 부품이 이렇게 서로에게 영향을 주며 그 사이에서 간섭과 조화를 찾아내듯, 일을 할 때도 단순히 내 일만 잘하는 게 아니라 함께하는 사람들의 일까지 생각해야 한다. 유관 부문과

언젠가 퇴사하겠지만 행복하게 일하기로 했습니다

조화롭게 일해야 한다는 말은 '소금은 짜다'라는 말처럼 너무 당연하지만, 실천하기가 쉽지만은 않다.

실제로 업무를 하다 보면 의견이 대립할 때가 많다. 특히 현대모비스의 업무는 자동차를 타는 모든 사람의 안전을 고려해야 해서 담당자로서 안전을 위해 강력히 주장해야 하는 일도 많다. 예를 들면 수주를 위해 부품 가격을 낮춰야 하는 영업팀, 높은 품질 수준을 맞추고 싶은 품질팀, 두 가지 기준에 맞는 협력사를 찾기 어려운 구매팀의 관계가 있다. 이들이 각자 역할에 집중하면 서로 업무에 간섭이 일어날 수밖에 없다. 누가 잘못한 것은 없다. 모두 각자의 업무에 몰두하며 벌어진 일이지만, 그 갈등이 깊어져 해결하기 어려운 문제에 봉착할 때도 많다.

이런 갈등의 해답은, 각자 역할과 책임을 명확히 정의하고 서로의 영역을 존중하는 데 있다. 물론 역할과 책임, 흔히 말하는 R&R*을 결정하는 과정에서부터 갈등이 발생할 수 있다. 그러나

- Role and Responsibilities의 약어. 역할과 책임. 구성원과 부서 간 역할과 책임의 범위

결과적으로 우리가 시너지를 내어 달성해야 하는 목표를 기준으로 생각한다면 답은 명확해진다. 각자 다른 역할의 일을 하지만 하나의 답을 향해 나아가고 있다는 느낌을 공유해야 한다. 그럴수록 어벤저스처럼, 우리는 함께 걸어가는 동료를 살피며 나아가는 한 팀이 되어갈 것이다.

좋은 결과를 내기 위한

협력은 이렇게!

상대방 또는 상대 부서의 자원, 프로세스, 의사결정 등을 존중해야 하는 것은 알지만 갈등과 문제가 해결되지 않는다면, 대화에서부터 존중과 배려를 담으려 노력해야 한다. 특히 충고, 지적, 자기 말만 하기, 조사·신문하듯 말하기, 말끊어 버리기의 5가지 태도는 충돌할 때 꼭 버려야 하는 것들이다. 서로 다르니 충돌하겠지만 그 차이로 인해 시너지가 생기기도 한다. 오케스트라에서 불협화음은 협화음을 만들기 위한 필수 요소다. 거친 불협화음과 협화음이 교차하며 더 웅장한 소리를 만들어낸다. 우리의 협업 역시 마찬가지다. 그래서 갈등으로 인한 긴장감을 잘 조율하는 것이 중요하다. 그러니 아무리 깊은 갈등 상황이더라도 일단 긍정적인 제스처나 반응을 보여주고 한 번 더 생각하고 말하는 등, 다른 부서 담당자들과 우호적인 관계를 만들어가자.

회의인지 말싸움인지
헷갈린다면

회사에서 일을 하다보면 다양한 회의에 참석하게 된다. 그중에 약간의 신경전과 함께 말싸움처럼 날카로운 의견이 오고 갈 때가 있다. 그러다 목소리가 커지고 분위기가 험악해지면, 여기가 회의실인지 말싸움장인지 자괴감이 들기도 한다. 그러나 회의의 치열함과 살벌함이 마냥 싸움으로 이어지는 것은 아니다. 서로 주장만 하다 그치는 것이 아니라 더 좋은 결정을 내리기 위해 소통한다면 이것은 건강한 논쟁이 된다. 중요한 의사결정 전에 의견을 많이 주고받다 보면 서로가 미처 생각하지 못한 부분을 발견하고 보완할 수 있고 소수의 의견, 특정한 누군가에 의해 독단적으로 결정되는 위험 또한 막아줄 수 있다. 건강한 논쟁은 좋은 아이디어와 현명한 해결책이 나오는 긍정적 효과를 마주하게 해준다.

반면 상처만 남기는 회의도 있다. 대표적으로 고객 클레임을 해결하기 위한 회의이다. 이 회의는 빈번하게 열리는데 문제 원인을 찾는 과정에서 납품업체끼리도, 부서 간에도, 누구의 잘못인지 따지고 서로 책임이 없다는 주장만 펼친다. '우리가 맡은 업무 범위에 따라 개발하고 협의했으니 잘못이 없다', '우리는 기존과 동일하게 만들었고 변경한 게 없으니 당연히 문제가 없다'라고 서로 변명하기 바쁘다. 대책과 사후 예방에 대한 논의보다는 품질 책임으로 인한 실적과 평가, 손해에만 집중한다. 서로 책임을 떠안지 않으려고 결론도 없이 무작정 말꼬리만 물고 다툴 뿐이다.

현실에서 건강한 논쟁이 벌어지는 회의만 존재하면 좋겠지만, 사실은 서로 입장을 좁히지 못한 채 다투는 경우도 종종 있다.

언젠가 퇴사하겠지만 행복하게 일하기로 했습니다

이런 회의 끝에 어느 한쪽은 책임에서 벗어났다는 사실에 순간적으로 안도감을 느낄 수 있다. 하지만 한 단계 더 도약할 수 있는 업무적 발전은 없다. 이런 회의가 반복되면 비난이 쌓인 자리에 불신이 싹트고, 싸움에 매몰되어 할 일을 잊게 된다. 그저 그 자리에 맴돌며 서로의 탓만 할 뿐이다.

비난, 변명만 있는 회의를

멈추고 싶다면 이렇게!

회의하면서 감정적으로 말다툼만 하는 느낌이 든다면, 일단 멈추어야 한다. 그리고 관점을 달리 해보자. 지금 내 입장만 주장하고 있는 것은 아닌지, 상대방이 왜 그렇게 말했는지, 그 사람의 입장에서 생각해 보아야 한다. 논쟁은 나쁜 것이 아니다. 논쟁 과정에서 발생하는 무시와 비난이 문제가 되는 것이다. 다소 격양되더라도 의견을 충분히 나눈 회의는 개인의 자존감과 성취감을 높인다. 각자의 영역을 인정하고 다음 스텝으로 나아가는 과정은 회의에서만 느낄 수 있는

희열이다. 논쟁과 싸움의 차이는 서로를 인정하는 태도에 달려 있다. 서로 마음을 닫고 부딪히기만 하면 감정싸움이 되지만, 마음을 열고 부딪히면 새로운 시너지가 나올 수 있다. 비난과 변명을 멈추고 대안과 해결로 나아가고자 한다면, 일단 나부터 마음을 열어보자.

자기 할 일만 칼같이 끝내는
동료가 얄밉다면

자동차가 양산 단계에 들어가면 소프트웨어를 업데이트하러 공장이나 다른 지역으로 출장을 가곤 한다. 우리 부서는 순번을 정해 출장을 가는데, 업데이트해야 할 차량 대수가 많으면 섹터 전원이 조를 짜서 며칠에 걸쳐 작업을 한다. 고객에게 피해가 가지 않아야 해서 이른 아침이나 주말에 작업을 해야 하는 경우도 많다. 소프트웨어 업데이트는 본연의 업무를 제쳐 두고 이곳저곳으로 배송된 차량을 일일이 추적해야 하므로 모두에게 그리 달가운 일은 아니다. 특히 추운 겨울과 더운 여름, 허허벌판 공장에

언젠가 퇴사하겠지만 행복하게 일하기로 했습니다

서 작업하는 날이면, 왜 미리 검증하지 못했는지 비난과 원망으로 업무 내내 불평이 떠나지 않는다.

평소 출장을 가면 작업 내용이 제대로 취합되어 있지 않아서 전체 작업리스트를 처음부터 확인하는 일부터 시작하는데, 그런 때마다 확인 작업만 반나절이 걸린다. 그러면 결국 일정이 연기되는 것은 당연하고 품질 비용도 덩달아 늘어나게 된다. 그런 이유로 이번에도 취합이 안 된 리스트를 가지고 공장, 고객사에 일일이 전화를 돌리며 작업해야 한다고 예상했다. 그런데 현장에 와보니 상황이 달랐다. 앞 팀이 사전에 처리한 차량 대수를 체크해 두었고, 최적의 이동 경로를 지도로 정리해 두었을 뿐 아니라, 담당자들과 미리 사전 조율까지 다 마친 상태로 인수인계를 해주었다.

앞 조의 윤 매니저가 말하길, 조금이라도 일찍 완료하면 우리에게도 고객에게도 모두 좋은 일이라고 생각해 미리 준비했다고 한다. 그의 노력 덕분에 우리 팀은 바로 작업에 착수할 수 있었고, 출장은 예정보다 기한을 앞당겨 마무리되었다. 앞 팀이 '우리

일은 여기까지. 나머지는 그들의 일'이라며 선을 그었다면, 우리 팀은 아마 여느 때와 마찬가지로 힘든 여정을 보냈을 것이다. 이 날 윤 매니저가 보여준 태도는 많은 생각이 들게 했다. 그리고 내 행동에도 영향을 미쳤다. 상대방이 안 해준 일을 떠올리기 전에, 윤 매니저가 한 일을 떠올렸다. 이제는 출장을 가면 함께 일하는 동료가 편하게 일할 수 있도록 한 번 더 배려하고 생각한다.

언젠가 퇴사하겠지만 행복하게 일하기로 했습니다

MO;HAPPY

네 일 내 일,
선 긋는 동료에게는 이렇게!

회사생활에서 최고의 복지는 동료다. 누구와 함께 하느냐가 회사생활을 크게 좌우한다. 좋은 동료는 자기 일에 탁월한 동료다. 회사 일에서 혼자 처리할 수 있는 업무는 거의 없다. 서로의 손을 빌려야 일의 성과도 좋아지고 각종 문제도 해결해 나갈 수 있다. 일로 만난 사이니까 서로 도우며 좋은 결과를 만드는 것이 가장 좋은 관계이다. 반면 일로 만난 사이니까 너는 네 일을, 나는 내 일을 잘하면 된다고, 네 일과 내 일을 나누는 동료도 있다. 이런 동료를 만나면 일을 하면서 서로 신경전을 벌이느라 업무나 프로젝트가 삐거덕거리는 느낌을 받는다. 얄미운 마음이 들면 '대충 넘겨줘야지', '그 정도는 알아서 하겠지' 하며 잘 해왔던 일에서도 손을 놓고 싶어진다. 하지만 그런 때일수록 꼼꼼하고 철저하게 좋은 동료의 모습을 보여주자. 왜 그래야 하냐고? 이건 밉상 동료를 위한 배려나 노력이 아니라 프로로서 당연한 행동이다. 상대방은 변하지 않더라도 누군가는 당신의 모습에 반해 노력할 테니까!

어쩌다 조직문화
담당자가 되었다면

'○며들다.' 속으로 배어들다, 마음 깊이 느끼다 라는 뜻의 '스며들다'라는 말을 응용한 신조어이다. 어떤 대상에 애정을 느끼고 나도 모르게 스르륵 빠져들 때 사용한다. 개그맨 김해준이 '최준'이라는 부캐로 '준며들다', 아카데미 시상식에서 여우조연상을 받은 윤여정 배우에게 빠져들 땐 '윤며들다'와 같이 TV를 비롯한 각종 매체에서 언급되기도 했다. 한편, 우리 공장에는 'CA*며들

• Culture Agent의 약어. 기업 내 조직문화 담당 인원

다'라는 신조어가 등장했다.

　　내가 근무하는 공장은 기존 공장에서 근무하던 현대모비스 사무직군들에게 외부 사무실로 근무지를 옮기면서 근무 환경이 변화했다. 각자 다른 공장에서 근무하던 사람들이 한곳에 모이니 서로 서먹했고, 해결되지 않는 근무 복지에 크고 작은 불만이 새어 나왔다. 그런 시점에 공장장님을 필두로 뜻있는 몇몇 직원이 모여 CA활동에 참여하고 좀 더 활발하게 운영하기로 했다. 조직원들에게 조직문화는 실무와 동떨어져 있어서 해도 그만, 안 해도 그만이라 느껴지는 것이 현실이지만, 이들은 CA활동이 변화의 트리거로 작용하기를 바라는 마음에서 참여했던 것이다.

　　코로나19가 수그러들지 않아 쉽게 모이지도 못하고 과거보다 더 개인주의화 되는 상황에서도 우리는 허용 범위 안에서 모임 활동을 집중적으로 계획했다. 또한 점점 격차가 벌어지는 세대 간 의견도 좁혀졌으면 하는 마음으로 세대공감게임 행사를 4주 간 진행했다. 딱지치기, 오락실게임 등 시니어 직원들이 공감할 고전게임과 주니어 직원들의 PC게임 등을 적절하게 섞어 진행하니, 추억을 공유하고 마음을 나누는 계기가 되었다. 이후에도 크건 작건 매월 다양한 이벤트를 준비했다. 다른 직원들보다 아침 일찍 출근해 행사 준비를 하니, 직원들도 우리의 노력을 인정하며 신뢰하기 시작했다. 모두를 만족시킬 순 없었지만, 계획한 바를 꾸준히 실천하자 예상했던 결과가 나오기 시작했다. 사람들은 조금씩 변했다. 서로를 이해하기 시작하고 감사를 표현할 수 있는 여유도 생겼다. 시간이 흘러 연말이 다가왔다. 그룹사가 진행한 조직문화 설문조사 '컬쳐서베이'에서 우리 공장이 그룹사 내 최고점을 받는 쾌거를 이뤘다. 타 부서 직원들이 우리의 활동 내용을 보고 참고자료나 노하우를 전수해달라고 요청하는 일도 생겨났다. 그뿐인가! 대표 CA를 대상으로 한 워크숍에 초대받아 우리만의 노하우를 공유하는 자리까지 설 수 있게 되어 얼마나 뿌듯한지 모른다.

한 방울 물이 스며든 티슈의 무게는 대수롭지 않지만, 그 티슈들이 쌓이면 무시할 수 없는 존재감이 생긴다. 누구도 알아주지 않았지만, 내부 고객인 직원들을 향한 노력이 쌓여 결국 커다란 변화의 물결을 일으켰다. 누군가의 변화를 끌어내고 싶다면 진심과 꾸준함, 두 단어를 기억하자. 고객도 마찬가지다. 차츰 그들에게 당신이 스며들 것이다.

언젠가 퇴사하겠지만 행복하게 일하기로 했습니다

조직문화 활동

어떻게 해야할지 고민된다면 이렇게!

처음 조직문화 관련 업무를 시작하면 조직문화 활동이 어렵다고 느껴질 것이다. 이런 때는 작은 부분부터 차근차근 실천하면 큰 효과를 누릴 수 있다. 첫 번째로 사내의 시즈널한 이슈를 적극 활용하는 것이다. 휴가 시즌에는 휴가 사진 콘테스트를 열거나 올림픽, 월드컵 같은 특수 이슈가 있을 때는 약간의 신체 활동을 겸하는 내부 이벤트를 열어보는 것도 호응이 좋을 것이다. 그러나 이런 이벤트를 연다고 해도 아무도 참여하지 않으면 의미가 없으니 X배너 등, 제작비

대비 가성비가 좋은 아이템을 누구나 볼 수 있는 곳에 설치해 이벤트를 알려보자. 더불어 홍보물의 디자인은 누구나 전문가 수준으로 제작할 수 있는 망고보드, CANVA 등, 다양한 어플리케이션이 많으니 꼭 활용하도록 하자. 마지막으로 참여 시 직원들의 사기 진작을 위해 부문장, 실장들의 참여를 요청하자. 꾸준한 활동을 목표로 하면, 함께하는 직원들도 기대하며 참여하게 될 것이다.

나한테만 일이 몰린다면

"오늘 회의 내용으로 기획서 초안, 이번 주까지 볼 수 있을까요?"

수요일 오후 회의실, 끝날 것 같지 않은 긴 회의 중에 갑자기 떨어진 팀장님의 지시사항에 내 마음도 쿵— 하고 떨어졌다. 팀 장님은 회의 시작 전에 이야기 한 내일 연차를 사용해야 할 것 같다는 말을 잊으신 것 같다. 목요일 연차이니 일할 수 있는 시간은 금요일 하루뿐. 왜 이렇게 무리한 스케줄로 업무를 지시하는 건지 막막한 마음에 머리를 부여잡고 있는데, 같은 팀 후배인 김 매니저가 티타임을 요청했다.

"박 책임님, 무슨 일 있으세요?"

"음……, 김 매니저님, 제가 요즘 농땡이 피우는 것 같아 보이나요?"

"아뇨. 업무시간 내내 엄청 분주해 보이세요. 그래서 제가 뭐 도와드릴 일은 없는지 여쭤보려던 참이었는데……. 왜 그런 생각을 하셨어요?"

걱정해주는 김 매니저에게 조심스레 내 심정을 털어놓았다. 부쩍 심해진 두통으로 퇴근 후 병원을 다니고 있는 사정을 이야기했다. 연이어 이미 많은 업무를 처리하고 있음에도 팀장님이 추가로 업무를 주는 상황에 대한 서운함이 쏟아져 나왔다. 솔직히 요즘 능력도 의심받는 것 같고 신뢰도 잃은 것 같아 속상하다는 마음과, 팀장님이 내가 정시 퇴근을 하니 업무가 여유롭다고 생각하시는 건지 업무 능력을 의심하셔서 확인차 추가 업무를 시키는 건지 하는 고민까지.

"팀장님과 한번 솔직하게 이야기 나누어 보는 건 어떨까요? 제가 보기엔 팀장님이 책임님 사정을 잘 모르시고 일을 척척 해내시니 믿고 맡기는 것으로 보여요."

후배의 말을 듣고 보니 팀장님께서 어떤 의도로 일을 맡겼는지, 일하는 내 마음은 어떤지 대화해 본 적이 없다는 걸 깨달았다. 망설이지 않고 팀장님께 바로 티타임을 요청했다. 그리고 그동안의 사정과 마음을 털어놓았다. 이야기를 들으며 표정이 어두워진 팀장님은 그런 상황을 전혀 몰랐다며 오히려 사과하시는 게 아니겠는가? 그리고 한마디 덧붙이셨다.

"박 책임, 혼자 끙끙 앓지 말고 말해요. 힘든 사정을 표현한다고 능력이 부족한 게 아니에요. 힘든 부분을 적절하게 표현할 줄 알아야 서로 알고 배려할 수 있죠."

.

팀장님이 나만 갈군다는

생각이 들 땐 이렇게!

우리는 말하지 않고도 상대방이 알아주기를 바란다. 알아주지 않을 때는 상처받고 오해한다. '왜 내 상황을 배려해주지 않지?', '나는 이미 일이 많은데, 또 일을 더 얹어주는 거야?'라는 부정적인 생각을 시작하면 꼬리에 꼬리를 무는 오해만 깊어질 뿐이다. 말하지 않으면 아무도 모른다. 솔직하게 감정과 상황을 털어놓아야 배려도 받을 수 있다. 힘든 마음을 말하는 게 프로답지 않다는 생각에 차마 말이 나오지 않을 수도 있다. 그런 생각은 상대가 정해준 기준일까, 내가 추측한 기준일까? 감추기보다는 드러내고, 다양한 감정을 잘 표현하는 것이 오히려 건강한 프로다. 팀장님이 나한테 왜 그럴까 궁금하다면 지금 바로 팀장님께 티타임을 요청해 보자.

불편한 대화 때문에
회식이 싫다면

코로나19로 한동안 열리지 못했던 오랜만의 회식 자리에서 김 책임의 목소리가 쩌렁쩌렁 울렸다.

"실체도 없는데 뭘 믿고 하는 거야? 투자는 무슨."

그러자 조심스럽지만 단호한 신 매니저의 목소리가 들려왔다.

"코인도 엄연한 투자입니다."

언젠가 퇴사하겠지만 행복하게 일하기로 했습니다

두 사람의 대화 주제는 요즘 핫한 코인이다. 투자에 대한 의견이 다른 두 사람이 회식 자리에서 옥신각신한다.

"그럼 책임님이 생각하시는 투자는 뭡니까?"
"주식이 제대로 된 투자지. 기업의 재무제표, 가치 등을 검토하고 판단하잖아."

김 책임과 신 매니저의 이야기를 옆에서 듣고 있던 최 책임이 슬그머니 대화에 낀다.

"그래서 책임님은 좀 버셨어요?"
"어? 크음……."

김 책임이 조용히 고개를 절레절레 흔들었다. 순식간에 분위기가 싸해지고, 두 사람의 굳은 표정만 남긴 채 코인논쟁은 끝을 맺었다. 이후에도 김 책임과 신 매니저 사이의 어색함은 쉬이 풀리지 않았다. 오랜만의 회식은 그렇게 애매한 분위기로 마무리되었다.

우리는 서로 다른 방식으로 살아왔다. 자라온 환경에 따라 같은 나이라도 생각이 다른데 10년이 넘는 시대적 차이를 가진 선배와 후배가 생각이 다른 것은 당연하다. 이 당연함을 이해하려 하지 않는 순간, 갈등은 시작된다. 그날의 대화도 그랬다. 이해하려 하지 않는 마음이 다툼의 재료가 된 것이다.

집으로 가는 길, 두 사람의 마음속에 '어휴, 꼰대', '요즘 애들은 말이 안 통해' 같은 말들이 맴돌았을까? 사실 코인이냐 주식이냐는 중요하지 않다. 대화의 결과, 우리가 단절되었다는 것이 핵심이다. 서로 어떻다고 정의하기 전에 우리가 서로를 이해해주었는지 돌아볼 필요가 있다.

세대 불문, 편안하게

대화하고 싶을 때는 이렇게!

직장 안에는 다양한 환경에서 자란 사람이 함께한다. 어쩌면 우리는 서로를 평생 이해할 수 없을지도 모른다. 그래서 중요한 마음이 '그럴 수 있지'다. 직장에서 회식, 티타임을 하는 이유는 함께 일하는 이들 사이에 연대감을 만들고 서로를 알아가기 위해서다. 선배의 이야기가 꼰대스럽다고, 후배의 생각이 도통 이해가 가지 않는다고 비난하는 것은 금물. 서로의 다름을 그럴 수 있다고 인정하자. 우리는 서로를 알아가기 위해 소통하는 중이라는 걸 기억하자.

MZ 후배가
마냥 조심스럽기만 하다면

우리 팀 신입사원은 평이 좋은 친구다. 업무도 열심히 하지만 적극적인 성격으로 선배들에게 잘 다가온다. 사실 처음 만났을 때 걱정이 많았다. 부사수로 함께 동고동락해야 하는데 나이가 동갑이었다. 띠동갑. 나도 MZ 세대에 들어간다고 하지만 M의 시작점에 있는 나와 Z세대인 후배 사이의 간극은 생각보다 컸다. 나이는 숫자에 불과하다지만 공감대를 만들 수 있을지 걱정이 되었다.

언젠가 퇴사하겠지만 행복하게 일하기로 했습니다

어떻게 배려하면 좋을지 고민하다가 아내에게 조언을 구하고, 여자 동기들에게 신입사원 시절 나이 많은 선배와 어떻게 지냈는지 물어보기도 했다. 한편, 인터넷 커뮤니티에서 후배들에게 절대 하지 말아야 할 행동도 검색해봤다. '주말에 무얼 했는지 묻기'와 '연애는 어떻게 되고 있는지' 등이 있었다. 이 정도는 가볍게 이야기할 수 있지 않나 생각하는 찰나 '이해가 안 되면 받아들이면 된다'라는 글이 친절히 적혀 있는 게 아니겠는가! 마음을 꿰뚫은 조언에 그냥 받아들이자고 수긍했다.

이렇게 하지 말아야 할 것들을 머리에 가득 채우고 후배와 마주했다. 사전에 열심히 공부했으니 잘 다가갈 수 있으리라 생각했지만, 오히려 후배와의 대화가 어려워졌다. 가뜩이나 친해지는 과정에 시간이 필요한 성격이라, 하지 말아야 하는 것들을 열심히 배운 게 오히려 독이 되었다. 코로나19로 가벼운 식사 자리조차 가질 수 없으니, 좋은 선배가 되고 싶은 꿈은 가까워질 새도 없이 흘러갔다. 다행히 후배 연구원은 여러모로 훌륭한 친구라 일도 잘하고, 선배들에게도 먼저 다가오며, 회사생활에 잘 적응했다. 시간이 흐르면서 후배와 나도 편안히 지내게 되었다. 심지어

지금은 선배들에게 재료공학을 알려주는 수업까지 진행 중이다.

시대와 세대가 달라지며 그 어느 때보다 배려가 중요해진 것이 사실이다. 하지만 한편으로 너무 높은 벽을 세우는 것은 아닐까 하는 생각이 든다. 내가 가장 존경하는 나의 멘토께서는 지금 기준에서 보면 후배에게 하지 말아야 할 행동을 참 많이 하셨다. 주말에 같이 야구장에 가고 나의 연애 코치까지 해주셨으니 말이다. 그래도 그의 진심 어린 마음은 차츰 후배들에게 전달되었고, 나에게도 가장 좋은 선배가 되었다. 인간관계에서는 하지 말아야 할 것들을 담처럼 쌓는 것보다 진심으로 상대방을 대할 줄 아는 마음이 제일 중요하다. 어쩌면 후배들도 선배와 어색한 사이보다는 가까운 사이가 되고 싶을지도 모른다. 부담을 잠시 내려놓고 진심으로 다가가 보는 것은 어떨까? '우리 커피 한 잔 할까요?' 하며.

나이 차이가

부담될 때는 이렇게!

요즘 서점 매대에 놓인 책들을 보면 말투에 관한 이야기가 많다. 말하는 방법인 화법에서 더 나아가 말투를 다룬다는 것은 그만큼 표현이 중요하기 때문이다. 말을 어떤 모양으로 만드는지에 따라 대화의 결이 달라진다. 가르치는 듯이, 다 안다는 듯이 말하면 마찰이 일어나지만 인정과 존중을 담아 표현하면 진심이 전달된다. 우리 사이의 다름을 극복하는 것은 배려와 인정의 말투에서 시작된다.

팀원의 실패, 실수를
극복하게 도와주려면

회사생활에서 누구나 한 번쯤 실수와 실패를 경험한다. 이런 경험은 누군가에게는 트라우마로 남기도 하고, 누군가에겐 더 큰 성공을 노리는 원동력이 된다. 왜 이런 차이가 생기는 걸까?

지난 2년, 리더십 관련 인터뷰 영상을 제작하기 위해 현대모비스 내 우수 리더들을 만났는데 그 모습은 다양했다. 한 분야에서 지식과 경험을 쌓아 도전적인 목표를 제시하는 카리스마 리더가 있는 한편, 친근한 면모와 자율성을 강조하며 조직을 운영

언젠가 퇴사하겠지만 행복하게 일하기로 했습니다

하는 리더도 있었다. 모두 소속 구성원들이 인정하는 리더였다. 그럼에도 이들 사이에는 공통적인 모습이 하나 있었는데, 바로 실패에 대한 대처 방식이었다.

우리 안에 자리 잡은 실패에 대한 두려움

실제로 회사에서 큰 실패를 경험하는 사람들은 별로 없다. 그래서 다들 실패가 더 두려운지 모른다. 리더들에게 실패에 관해 물었을 때, 인터뷰이 중 한 분인 황 팀장님은 지난번 신기술 개발 이야기를 꺼냈다. 회의할 때마다 침묵게임이라도 하듯 정적이 흘렀고, 누구도 선뜻 나서는 사람이 없어서 답답했다고 한다. 당시 신기술 개발 건은 우리 회사는 물론 국내에서도 관련 기술과 지식을 가진 업체가 전무해서 다들 의견을 내기 어려워했다고 생각했는데, 이후에 팀원들 이야기를 들으니 실패가 두려웠다고 한다. 새로운 일이기 때문에 신중한 것도 있었지만, 당시 황 팀장님이 팀원들에게 질책을 많이 해서 의견을 내기가 어려웠다는 이야기였다. 그때는 질책을 해야 팀원들이 발전한다고 생각했는데 오히려 강박을 심어주었던 것 같다고. 그러면서 자신 역시 실패를 경험해보지 않았다는 이야기를 하셨다. 그분의 이야기를 들으며 멋모르고 덤벼야 하는 1년 차 신입사원도, 20년 경력의 리더도, 아직 실패한 적이 없다는 사실이 새삼 놀라웠다. 그리고 이게 우리가 실패를 두려워한다는 증거로 보였다. 실패한 적이 없다는 건 바꿔 말하면, 실패할 가능성이 있는 일은 시작도 하지 않았다는 뜻 아닐까. 귀책 문화로 인해 생겨난 책임감이 실패에 대한 두려움을 우리 조직 안에 깊이 자리 잡게 했는지도 모른다.

두려워하지 않도록 서로를 격려하라

인터뷰 중 가장 기억에 남았던 문 팀장님은 실패에 즉각적이고 감정적인 피드백을 하지 않는다고 했다. 당사자가 스스로 만회하고 수습하도록 기다려준다고 한다. 수습 이후, 질책하거나 잘잘못을 따지지 않고 스스로 재발 방지를 위한 방안을 고민하도록 피드백 해오고 있다는 것이다. 문 팀장님이 말한 실패 피드백의 핵심은 업무 담당자의 자발성을 보장해주는 것이다. 질책과 간섭보다 담당자가 스스로 고민하고 해결 방법을 찾는 방식이 서로 간의 신뢰를 더 두텁게 만든다. 재미있게도 이런 실패 상황에서 신뢰가 향상되는 경우를 여러 차례 보았다고 한다. 리더가 실수와 실패에 대응하는 방법은 단순히 팀장과 팀원의 관계에만 해당하지 않는다. 리더의 피드백은 회사생활 전반의 분위기를 좌우하는 중요한 요소다. 그러니 팀원이 노력했지만 뜻대로 되지 않았을 때, 생각지 못한 실수로 의기소침해졌을 때, 부정적인 대응보다는 그들의 선한 의도를 알아보고 격려와 응원으로 다시 일어설 수 있게 돕자. 한편, 격려를 받은 팀원은 좌절하기보다 똑같은 일이 다시 일어나지 않도록 해답을 찾아보는 노력이 필요하다. 서로 응원하는 분위기 속에서 아무것도 실패해서는 안 되는 문화도 바뀌기 시작할 것이다.

일에 대한 부담감을

자주 느낀다면 이렇게!

책임을 진다는 것은 누구에게나 큰 용기가 필요한 일이다. 귀책문화가 만연했던 과거가 있는 우리 회사는 특히 책임에 대해 무거움을 느끼는 사람들이 많다. 그래서 R&R을 나눌 때도, 협조전을 작성할 때도 이런 지점에서 민감한 모습을 보이곤 한다. 실패와 실수에도 민감할 수밖에 없다. 사실 이것은 우리 회사에 국한된 이야기는 아니다. 어떤 회사도 실패에 관대하거나 두렵지 않은 경우를 보기가 드무니까. 업무에 부담감이 늘어나는 이유도 여기에 있다. 그럼 생각해

보자. 맡은 업무를 실제로 내가 책임지고 있는가, 아니면 책임감을 느끼고 있는가? 말장난이라고 느낄 수도 있지만, 책임과 책임감은 다른 말이다. 국어사전에서는 책임을 이렇게 정의한다.

1. 맡아서 해야 하는 임무나 의무
2. 어떤 일에 관련되어 그 결과에 대하여 지는 의무나 부담. 또는 그 결과로 받는 제재

지금 내가 느끼는 부담의 실체를 파악해보자. 맡아서 해야 할 임무나 의무에 부담을 느끼는 것인지, 아니면 결과에 대한 의무 때문에 받게 될 제재가 두려운 건지. 직원에게 무리한 책임을 지운다면 리더와 상의해야 하지만, 내 업무를 잘하고 싶은 마음이라면 그저 맡은 일을 하면 그만이다.

자신감을 장착하고 싶은
신입사원이라면

"지금 막내지만 대학 땐 기자도 하고 팀장도 한 경험이 있잖아.
그때처럼 마음껏 재미있게 해봐!"

차종관리 외에 더 경험해보고 싶은 업무가 있냐는 파트장님
의 질문에 무언가 기획해보고 싶다는 아리송한 답변을 했던 그
무렵, 우리 부문에 조직문화 개선 담당자가 필요했고 나는 영업
부문 조직문화 담당자와 팀 CA를 맡았다. 그렇게 파트장님의 응
원과 지지를 받고 시작한 활동은 조직문화 최우수 조직이라는

언젠가 퇴사하겠지만 행복하게 일하기로 했습니다

좋은 성과를 거두게 되었다.

응원은 다양한 방법과 메시지로 전해진다. 파트장님처럼 새로운 일을 시작하려는 사람에게 용기를 주는 방법이 보편적이라면, 자율성 보장은 또 다른 응원의 방식이다. 팀장님과 실장님은 올해 조직문화 활동 목표를 공유해준 뒤, 담당자인 내가 스스로 연간계획을 수립하고 이행하도록 업무를 맡기셨다. 새로운 것을 기획하고 실행할 생각에 설렜다. 구성원의 니즈 파악을 목적으로 팀별 CA 대상 '영업부문 CA워크숍'을 두 차례 진행하여 다양한 기업의 조직문화 활동 예시를 CA들과 공유하고 의견을 모았다. 그렇게 우리 부문의 성격에 맞는 총 10개의 활동을 구체화해 연간계획 보고를 마쳤다. 처음 해보는 일이라 시간이 걸렸지만, 믿고 맡겨주신 덕에 자신 있게 마무리할 수 있었다.

CA 활동의 홍보를 본격적으로 시작하며 활동별로 각기 다른 개성을 담은 포스터를 직접 만들어 공지 메일에 첨부했다. 사무실 내 CA존에도 포스터를 걸어 구성원들의 관심을 유도했다. 그런데 공지 메일에 칭찬과 관심의 답장이 날아오는 게 아니겠는가!

"포스터 너무 잘 만든 거 아니에요? 빵터졌네요! 하하."
"고퀄리티 포스터에 다른 부문 동기가 누가 만들었냐고 물어봤어요."
"매니저님 디자인과 나오셨어요?"

늘어나는 관심은 격려와 응원이 되었다. 또한 활동에도 적극적으로 참여해주는 사람이 늘어나면서 자신감이 붙기 시작했다. 사내 이벤트로 기획한 취미상점 활동의 퍼스널 컬러 진단 프로그램 참가자 모집이 10분 만에 마감되고, 부문장님과 함께하는 체크인 미팅도 매번 새로운 인원이 지원하며 인기를 끌었다. 내 노력이 닿는 것 같아 기뻤다.

선배님과 동료들의 감사 인사는 정말 큰 응원이 되었다. '좋은 활동을 기획해주어 감사하다'는 참가자들의 평범한 감사 인사가 전해질 때마다 성취감은 날로 높아져 갔다. 다른 어떤 것과 견주어 보아도 팀원들의 감사 인사가 가장 뜨거운 지지로 느껴졌다. 매달 땡스카드*와 부스트카드**를 보내주시는 팀장님과 실장님, 가장 가까이서 서포트해 주시는 파트장님과 멘토 덕분에 내 업무에 대한 확신이 생기면서 즐겁게 임할 수 있게 되었다. 조직문화 최우수 조직으로 선정되었다는 소식에 팀원으로부터 1등의 영광을 안겨줘서 감사하다는 말을 들은 것까지도!

다양한 모습과 방법으로 전해지는 응원의 힘은 선한 영향력을 만든다. 이런 조직원들의 응원으로 어떤 업무를 맡게 되든 잘해낼 수 있을 것이라는 자기 확신과 자신감을 갖게 되었다. 응원의 힘이 필요하지 않은 사람은 없다. 내일은 나만의 방식으로 다른 동료를 응원해 보아야겠다.

- • 구성원 간에 '플러스알파'라는 사내 플랫폼을 통해 주고받는 감사 카드. 받은 카드로 게임을 해서 플러스알파에 마일리지를 적립한다.
- •• 실장, 팀장급 리더가 직속 조직원을 격려, 인정하는 활동으로 기프티콘을 제공하는 사내 제도

내가 하는 일에

확신을 가지려면 이렇게!

신입사원이 일에 대한 자기 확신을 갖기까지 얼마나 걸릴까? 대부분 부족하다는 생각을 하면서 몇 년간 회사를 다닌다. 회사나 일에 대한 기대와 실망이 교차하며 어떻게 해야 인정받는지 알게 되어야 확신도 자신감도 생겨난다. 그런 순간이 오기까지는 주변 사람들의 말에 귀를 기울여보자. 내 어깨를 들썩이게 했던 상사의 칭찬을 믿고, 나를 격려하는 사람들의 응원에 기대보는 것이다. 겸손하게 보이려고 손사래 치며 응원과 격려를 굳이 거절하지 말고, 애정 어린

언젠가 퇴사하겠지만 행복하게 일하기로 했습니다

진짜 칭찬이든 예의상 건넨 격려든 그들이 전하는 이야기에 의지해 자신을 응원하자. 이게 무슨 도움이 되겠냐고? 남이 칭찬하든 스스로 칭찬하든 뇌가 기뻐하는 효과는 똑같다고 한다. 진심이 있든 없든 칭찬의 언어에 대한 반응도 같지 않을까? 자기 업무가 바쁜데도 굳이 다가와 뜬금없이 칭찬하는 사람은 별로 없다. 실제로 마음에 담아둔 감상이나 이야기를 꺼내는 경우가 더 많으니 동료의 관심과 격려를 자신감의 근거로 삼아도 좋다.

사람을 성장시키는
팀장이 되고 싶다면

칭찬, 격려의 말은 누구나 필요하다고 느낀다. 하지만 그런 칭찬과 격려의 말이 효과적으로 작동하려면 꾸준함이 필요하다. 부품사업소에서 만난 박 팀장님은 이를 현장에서 제대로 실천한 분이었다.

부품사업소는 1,300여 개 되는 현대모비스 부품 대리점에 현대자동차와 기아자동차의 A/S 부품을 공급하는 조직이다. 사무직과 현장직 업무를 병행한다는 독특한 특성이 있다. 팀장은 사

언젠가 퇴사하겠지만 행복하게 일하기로 했습니다

업소장과, 사업소는 팀과 동일한 개념이라 하더라도, 일반적인 팀이나 셀 단위와 비교했을 때 조직이 상당히 크다. 박 팀장이 이끄는 동부 부품사업소도 예외는 아니다. 사무직 21명과 현장직 62명으로 구성되어 팀 인원이 총 80명이 넘는다. 팀 평균 연령도 높고 장기 근속자가 다수라 새로운 시도와 변화를 촉구하는 것이 쉽지 않은 분위기였다.

박 팀장님은 동부 부품사업소의 팀장이 되고, 다양한 업무가 유기적으로 연결되고 상호 협력이 원활해지려면 변화가 꼭 필요하다는 생각이 들었다. 그래서 조직문화의 변화를 시도했고, 그 시작은 팀 슬로건 공모전이었다. 직원들이 직접 제안하고 투표해 선정된 슬로건은 '질책보다는 칭찬과 격려를 해주세요'였다.

직원들이 선정한 슬로건의 내용에 따라 박 팀장님은 팀원들에게 적극적으로 응원과 지지를 보내주었다. 재고 지원을 담당하는 팀원들의 경우, 컴플레인 대응과 상담 업무도 직접 처리하기 때문에 고객을 상대하는 데서 오는 어려움이 항상 따른다. 팀장님은 해당 팀원들이 어려움을 공유하고 도움을 요청할 수 있는 채널이 되어주었다. 팀원이 어려움을 겪을 때는 등을 두드리며 격려해주었다. 나아가 우리 사업소는 함께 움직이고 있으니 어려움은 개인이 혼자 감당할 몫이 아니라는 메시지도 꾸준히 전했다. 고객의 니즈를 파악하고 문제를 해결하기 위한 팀원의 작은 노력과 새로운 시도 하나하나를 칭찬해주기도 했다. 단, 다른 직원이 질투할 수 있으니 '사실에 근거해 적절하게 피드백한다'는 원칙은 지켰다.

작은 칭찬과 격려를 지속하자 어느 날, 팀 내에 변화가 붙었다. 매사 투덜거리던 한 팀원이 긍정적인 메시지를 내기 시작한 것이다. 그는 대부분 안 된다, 할 수 없다는 피드백이 많았던 인물인데, 어느샌가 해보자는 말을 하고 있었다. 이제 어려울 때는 불평하는 대신 도움을 요청했고, 도움을 받고 난 후엔 감사 인사도 잊지 않았다. 이런 팀원의 성장에 팀장님은 무척 고맙고 힘이 났다고 했다. 내가 선배가 된다면, 내가 리더가 된다면 어떻게 할까? 박 팀장님처럼 변화를 이끄는 리더가 될 수 있을까?

사회 생활을 하면서 나의 가치를 비용으로 환산하는 일에 익숙해졌다. 보상도 별로 없으니까 적당히 일해야겠다는 생각을 종종 하는 것처럼. 그런데 그 이면에는 인정받지 못한 마음이 있다. 열심히 해봐야 보상도 보람도 없으니 더 잘하고 싶지 않은 것이다.

동부사업소 직원의 변화를 들으며 우리는 회사에서 단순히 일하고 싶은 게 아니라 성장하고 싶은 거라는 생각이 들었다. 함께 주어진 일을 해결해가면서 동료끼리 소통할 때 알 수 없는 충만함을 느끼는 것도 그 때문이 아닐까.

우리 팀이 우리 부서가, 우리 회사가, 성장하는 조직인지 궁금하다면 한번 확인해보자. 서로 격려하고 있는지, 따뜻한 관심과 지지를 보내고 있는지 말이다.

변화를 만드는 방법이

궁금하다면 이렇게!

MZ세대가 리더가 되고 있다. 40대 리더뿐 아니라 30대, 20대 리더가 배출되면서 MZ세대가 MZ세대를 이끌고 있다. 팀원에게 인정받는 MZ세대 리더들은 이전의 리더들과는 달리 잔소리보다 수다로, 부정적인 피드백보다 왜 그랬는지 이유를 묻는 방식으로 단호하지만 유연하게 팀원들을 이끈다. 세대의 특징에 따라 대화의 문법, 문화적 분위기는 바뀌었어도 바뀌지 않는 것이 있다. 그것은 변화를 만드는 방식이다. 칭찬과 격려, 응원의 메시지가 지속해서 전해질 때 팀에도, 구성원들에게도 변화가 시작된다. 잘하는 부분을 찾아주고, 상대의 관점을 받아들이려고 노력하고, 상대의 성장을 고려하는 것. 이것은 MZ세대가 서로를 응원하는 방식이다. 거창한 무언가가 필요한 것이 아니다. 열린 마음과 이해하려는 노력이라면 변화를 만들기에 충분하다.

효율과 행복을
모두 잡는 프로의 일하기
- 심화편 -

Chapter 3

행복하게 일하기

지금의 일과 삶에 몰두하는 방법

안 해본 걸 하는 것이
망설여진다면

코로나19 이후, 새 차를 사려면 출고까지 평균 1년 정도 대기해야 한다. 전 세계 반도체 부족 현상으로 인해 일어난 일이다. 자동차업계에서도 역시 반도체 수급 부족을 피해갈 순 없었고, 국내뿐 아니라 해외 법인에도 똑같이 영향력을 미치고 있다. 우리 회사 공장 중 한 곳도 반도체 부족으로 결품 위기를 맞은 적이 있다.

현대모비스 포승공장은 여러 해외 법인에 자동차가 고속 주행일 때 핸들을 무겁게 하는 조향 보조배력장치인 MDPS^{Motor Driven Power Steering}를 반조립 상태인 CKD 제품으로 공급하고 있다. 제품 공급이 중단되는 일은 막아야 해서 부족한 반도체를 확보하기 위해 노력했고, 그 덕에 부족분을 확보할 수 있었다. 문제는 운송이었다. 보통은 해상으로 제품을 운송하는데 운송 시기가 맞지 않았다. 유일한 방법은 항공밖에 없었다. 그러나 항공 운송은 해상 운송보다 몇 배나 비싼데다, 부피와 무게가 많이 나가 항공기도 많이 필요했다. 대략 추정하니 54억이라는 막대한 비용이 추가로 들었다. 항공 운송을 완전히 포기하기는 어렵기에 결국 값비싼 항공비를 조금이라도 줄일 방법을 찾아야만 했다.

유관 부서들이 모여 연일 고민을 이어가던 도중, 회의에서 기발한 아이디어가 나왔다. 현재 문제가 된 부품만 항공으로 보내고 나머지 부품은 해상으로 보내되, 현지 법인으로 출장을 가서 재조립하자는 생각이었다. 이 아이디어대로 하면 항공비가 10분의 1 이상 줄어들었다. 하지만 원래 공장에서 제품을 만들어 품질 검증까지 거친 후 제품을 내보냈기 때문에 리스크가 있었다. 고민 끝에 기존의 방식을 고수하기보다는 결품 위기를 극복하는

데 집중하기로 했다. 그리고 리스크를 해결할 방법을 찾아 나갔다. 가장 문제인 품질 확보는 설계, 품질, 생산 파트가 협업해 실제 현지에서 조립하는 조건처럼 테스트 과정을 거쳤다. 또한 현지 법인에서 해야 하는 재작업을 위한 교육도 철저히 준비했다. 부품 수급과 준비 과정을 거친 후 항공을 통해 주요 부품이 해외 법인으로 도착할 무렵, 품질 담당을 포함한 포승공장 직원들이 그곳으로 출장을 떠났고 무사히 제품을 공급할 수 있었다.

만약 꼭 국내에서 품질 검증을 거쳐야 한다는 생각을 했다면 어떻게 되었을까? 이 일로 우리 공장 구성원들의 업무 자세가 많이 바뀌었다. 고객의 안전과 직결되는 업무 특성상 보수적으로 접근했는데, 이제는 해보고 판단하자는 생각을 한다. 알고 있던 지식, 해왔던 방법으로 판단하기보다는 실제로 해보고 판단해도 된다는 것. 아마도 이런 마음이 미래로 나아가는 자동차 시장에서 도전을 위한 가장 중요한 자세가 아닐까.

새로운 일에 도전할 때,

두려움을 극복하려면 이렇게!

새로운 일에 도전할 때, 흥미보다 두려움이 앞서는 경우가 많다. 결과를 예측할 수 없으니 무엇을 해야 하는지 우왕좌왕할 수 있다. 어차피 모든 것을 계획할 수 없다면, 이때는 할 수 있는 것에 집중하는 것이 가장 좋은 방법이다. 새로운 업무, 처음 하는 영역에 도전할 때 두려움에 휘둘리지 않으려면 어떻게 해야 하는지부터 정해두자.

1. 한계 정하기

모두를 만족시킬 수 없으니 목표에 맞게 한계를 설정하기.

2. 중요도 파악

더 중요한 일이 무엇인지 파악하고 집중하기.

3. 일의 간소화

불필요한 요소를 없애고 최상의 가치를 창출하기.

4. 원칙에 집중

문제는 일의 원칙과 순서에 따라 하나씩 해결하기.

5. 생산적인 습관 형성

한 번에 하나씩 새로운 습관을 들이도록 집중하기.

6. 작게 시작하기

해야 할 일을 작게 쪼개고 바로 시작하기.

언젠간 퇴사하겠지만
당장 그만두는 게 아니라면

직장인이라면 누구나 가입해서 둘러본 적 있는 익명 소셜앱 '블XX드'. 회사생활 11년 차인 나도 그곳에 가입해 글을 읽은 적 있다. 익명이 보장되는 서비스인 만큼 본인들의 생각을 가감 없이 게시판에 올린다. 물론 대부분이 회사에 대한 불만이다. 이전에는 꼰대 문화, 괴롭힘, 성희롱 등, 이슈화된 여론을 의식한 회사들이 문제를 개선하고 건강한 문화 조성을 위해 노력하게 만드는 긍정적인 영향이 있었다. 그러나 최근에는 그저 원색적인 비난만 가득한 것 같다는 인상을 받기도 한다.

언젠가 퇴사하겠지만 행복하게 일하기로 했습니다

옆 팀의 이 책임님도 그런 느낌이 들었던 것 같다. 코로나 팬데믹 이후 불거진 성과급 이슈로 온통 급여와 관련해 불만을 토로하며 급여 인상 요구와 함께 회사, 경영진에 대한 비판이 상당히 많이 올라오니, 어느 순간 회사를 너무 부정적으로 생각하게 된다고. 동의가 되는 부분도 있지만, 내가 다니는 회사인데 내 얼굴에 침 뱉기 아닌가 하는 생각도 들고 점점 자존감이 떨어지는 점도 있다며, 최근엔 가능한 한 접속하지 않으려 한다고 말했다.

나름대로 자부심을 가지고 회사생활을 하는 동료들에게는 이런 분위기가 더욱 안타깝게 느껴지는 것 같다. 여전히 회사 업무를 더 잘하고 회사 발전을 위해 노력하는 사람들이 많다고 생각하는데, 블라인드와 사내 익명 게시판만 보면 그렇지 않은 사람들이 대부분인 것 같기도 하다. 부정적인 여론에 반대하는 입장의 댓글을 달면 바로 사측이라느니, 현실에 안주하는 꼰대라 하며 비아냥거리니 다른 의견을 붙일 수 없다는 그의 말에, 동료끼리 서로 공격하는 건 너무 마음이 힘들다며 내 고충도 슬며시 털어놓는다.

입사한 지 얼마 되지 않았을 시기, 회사생활이 너무 힘들어 당시 같은 팀 선배에게 뜬금없는 질문을 던진 적이 있다.

"책임님은 회사를 왜 다니세요? 월급이 제일 큰 이유겠죠?"

그때 미소를 머금으며 선배는 나긋이 말했다.

"돈도 물론 중요하죠. 하지만 회사에 다니는 이유가 오로지 '돈'이라면 힘들어요. 다른 이유를 갖는 게 중요해요. 그건 본인의 성장일 수도 있고, 이곳 사람들과의 관계일 수도 있고요."

며칠 전 사내 익명 게시판에 '모비스가 고마웠습니다'라는 글이 올라왔다. 계약직 사원이 퇴사하면서 그동안 도와준 동료에게 감사를 전하고 회사와 함께하는 시간 동안 성장해 보람을 느낀다는 내용이었다. 혹시 우리가 불만에 가려져 회사생활의 좋은 기억과 경험들을 놓친 것은 아닐까? 회사에 대한 불만이 넘치는 가운데 그 글에 '좋아요'가 100개 되는 것을 보며, 나도 101번째 '좋아요'를 클릭했다.

MO;HAPPY

불만에 잠식되지 않고

회사생활을 잘 해 나가려면 이렇게!

입사하고 몇 년이 지나면 조직의 실체를 파악하게 되고 회사에 대한 실망감이 늘어난다. 리더가 하는 말들, 뉴스에 나오는 회사의 모든 활동이 부정적으로 보일 수 있다. 불만이 쌓이면 일하는 의미가 사라진다. 매달 나오는 월급으로 금융치료를 하며 간신히 한 달을 버티는 생활이 시작된다. 해결되지 않는 불만을 품을수록 감정만 소모된다. 대퇴사의 시대라고 한다. 그리고 주어진 일을 최소한만 하는 조용한 퇴사*를 선택하는 사람들도 유행처럼 늘어나고 있다. 오늘

만난 어느 리더 때문에, 지금 겪는 불합리한 일 때문에, 불공정함이 너무 싫어서 성장하기를 포기하고 내 할 일만 하고 가리라 결심했다면 묻고 싶다. 그래서 행복해졌는지. 내 삶이 더 나아졌는지.

일이 곧 삶이 아니며 나의 가치는 성과로 결정되지 않는다. 하지만 삶에서 일을 뗄 수 없고 나의 가치를 확인할 기회가 일 안에 있는 것도 사실이다. 노력을 멈추고 성장을 포기할 때 이 기회 또한 사라진다.

언젠가 퇴사하겠지만 지금의 나도 소중하다. 그러니 불만이 스스로를 갉아먹게 두지 말고, 회사에서 얻을 수 있는 것에 시선을 돌려보자. 허드렛일도 쌓이면 커리어가 되고, 못난 사람도 견디다 보면 사람 다루는 기술이 는다. 그 와중에 좋은 친구도 만날 수 있고 내가 몰랐던 강점도 발견할 수 있다. 이 회사에서만 경험할 수 있는 것을 찾아서 내 것으로 만들자. 언제 퇴사할지, 이후에 무엇을 할지, 아직 모호하다면 현재에 충실한 것이 미래를 준비하는 가장 좋은 방법이다.

- 직장을 그만두지는 않지만, 정해진 시간과 업무 범위 내에서만 일하고 초과근무를 거부하는 노동 방식을 뜻하는 신조어

불편한 R&R 때문에
고민이라면

"다음 장은 이번 프로젝트의 업무 R&R을 정리한 장표입니다. 각 조직의 업무와 역할에 맞게 다음과 같이 참여해주실 예정입니다."

여러 부서가 참여하는 프로젝트의 킥오프 Kick-off 미팅의 대미는 R&R 장표다. 회의 내내 무덤덤하게 프로젝트에 대한 설명을 듣고 있던 사람들도 그 어느 때보다 반짝반짝 빛나는 집중력을 발휘하며 본인 팀의 역할을 확인한다. R&R을 정리하는 목적은 무엇일까? 어린 시절 책상에 선을 넘지 말라고 금을 긋듯, 여기가 내 영역이고 거기가 네 영역이라고 나누고 싸우자는 목적은 아닐 테다. 각자 역할을 잘 정리해, 놓치는 부분 없이 한 팀One-team이 되어 프로젝트를 성공의 궤도에 올리자는 의미인 것은 누구나 알고 있다.

그런데 프로젝트를 진행하다 보면 R&R 때문에 서로 얼굴을 붉힐 일이 많아진다. 팀 간 이슈가 생기면 이 장표를 열고 씩씩거리며 이 일은 누구의 일인지 따지는 일도 비일비재하다. 예상 못한 업무가 치고 들어오면 추가된 업무를 서로에게 미루기 위해 이 장표를 사용하기도 한다. 한 팀으로 힘을 합쳐 업무를 잘 해보자고 작성한 이 문서가 잘못을 판단하고 새로운 일을 구분하는 증거 자료로 사용되는 것이다.

우리의 삶이 원하는 방향만으로 흘러가지 않듯, 회사의 업무와 프로젝트도 불확실성의 연속이다. 예상대로 딱딱 맞춰서 진행되는 프로젝트는 한 번도 본 적이 없다. 프로젝트는 진행 과정에서 늘 수많은 문제가 발생한다. 프로젝트의 완수는 문제를 '도장 깨기' 하듯 하나씩 돌파해가는 과정이다. 여기에 다른 부서와의

언젠가 퇴사하겠지만 행복하게 일하기로 했습니다

협업이 더해지면 더 다양한 변수가 발생할 수 있다. 아무리 꼼꼼하게 R&R을 나누고 일을 한다고 해도 부족한 부분은 존재할 수밖에 없다. 어떻게 모든 상황을 다 예측할 수 있겠는가. 토씨 하나, 내용 하나 바뀌지 않는 프로젝트를 100번쯤 반복하면 완벽해질지도 모르겠다. 그렇게 기계적으로 반복되는 일은 세상에 없다. 매번 시장과 트렌드가 바뀌고, 프로젝트도 변화하며, 일하는 사람도 바뀐다. 완벽한 R&R이란 세상에 존재하지 않는 판타지 같은 것이 아닐까?

그레이존이 발생했을 때는

이런 마음으로!

협업 과정에서 발생한 문제를 모르는 척 눈 감으면 부메랑이 되어 돌아오는 경험을 해본 적이 있을 것이다. '그건 내 일이 아니야', '저 팀의 문제이니 알아서 해결하겠지'라고 생각하고 넘어갔는데, 나에게 요청사항으로 돌아오는 경우가 있다. 그런 때는 시간을 다 잡아먹어 급한 상태로 돌아오거나, 문제가 눈덩이처럼 불어나 일이 더 복잡한 상태가 되어 있기도 하다. 애매한 영역의 업무까지 챙기는 일은 결코 쉽지 않다. 그럼에도 서로의 빈 공간을 함께 채우려는 마음을 가져보면 어떨까? 내 일이 될까 봐 문제를 피하지 말고 함께 해결하자는 마음으로 그레이존의 일을 다뤄보자. 상대방이 해결하기를 바라기보다는 일단 나부터 시작하기로.

내 일에 의미를
찾을 수가 없다면

프로덕트 오너는 애자일agile 방법론*에서 탄생한 단어로, 고객의 요구사항을 깊이 이해하고 이를 기반으로 상품, 서비스, 기능 등의 프로덕트를 성공시키기 위한 목표, 기능, 성공 지표 등을 정의하고, 더 나아가 내·외부 리소스 관리, 이슈 관리 등 A부터 Z까지의 모든 일에 전략을 수립하고 관리하는 역할을 뜻한다. 어떻게 보면 정말 애자일(신속하게) 하게 일하는 IT회사에서나 통용

* 절차나 문서보다 사람과 업무 자체를 중요시하여 유연하고 신속한 개발을 추구하는 방법론

언젠가 퇴사하겠지만 행복하게 일하기로 했습니다

되는 의미이며, 회사 제품과 긴밀한 관계가 있어야만 스스로를 프로덕트 오너라고 생각할 수 있다.

현대모비스의 일하는 방식을 만들었던 우리들은 꼭 제품을 만들지 않고 IT회사처럼 앱을 개발하지 않아도, 우리가 하는 모든 일에 프로덕트 오너의 개념을 접목할 수 있으리라 생각했다. 완성된 차는 아니지만, 제품의 부품을 만드는 이들은 당연히 그들의 업무 내용만 들어도 프로덕트 오너다. 램프설계팀 연구원이 단순히 밤길이나 어두운 순간을 밝게 비추는 자동차 램프를 운전자지원시스템ADAS●●과 연계하여 스마트램프를 만든다. 고객의 안전과 사용성을 고려해 좌회전이 필요한 순간 자동으로 좌측 방향지시등을 켜주는 램프를 만든 그는, 스마트램프의 프로덕트 오너이다.

하지만 인사나 재경 부서처럼 사내 지원 업무를 하는 곳은 자신을 프로덕트 오너라고 인정하지 않을 수 있다. '우리의 제품은

●● Advanced Driver Assistance System의 약어

무엇이지?' 하고 고민할 것이다. 예를 들면 현대모비스에 좋은 사내 문화를 정착했던 플러스알파 플랫폼의 땡스카드는 인사팀에서 '직장 내 인정과 칭찬 문화가 필요하다'라는 내부 고객의 니즈를 파악하고 개선한 일이다. 칭찬, 격려, 배려, 감사를 표현할 수 있도록 도운 이 제도는 도입 후 기업문화를 향상시켰다. 즉 인사팀 담당자는 땡스카드의 프로덕트 오너인 셈이다.

재경 부서도 마찬가지다. 여러 부서의 예산을 관리하고 해당 팀의 내년도 사업계획에 맞는 예산을 계획한다. 추가 예산이 필요한 과제와 부서가 있다면 품의 내용의 타당성을 검토해 예산을 집행한다. 재경 부서 역시 회사의 주머니를 책임지는 프로덕트 오너다. 반드시 신제품, 혁신을 이뤄내는 프로젝트나 제품, 기능을 만들어 내는 사람만이 프로덕트 오너가 아니다. 자신이 담당하는 업무의 고객을 파악하고, 고객을 만족시키는 방향으로 업무를 진행 시키며, 일에 최선을 다하는 사람 모두가 프로덕트 오너라는 사실을 기억했으면 좋겠다. 그런 마음이 들 때, 일이 즐겁고 자부심을 느낄 수 있을 것이다.

언젠가 퇴사하겠지만 행복하게 일하기로 했습니다

매너리즘에

빠졌을 때는 이렇게!

적당히 일이 궤도에 오르고 업무를 좀 아는 것 같다는 생각
이 들면, 업무가 지루하게 느껴질 수 있다. 그때는 내 명함
에서 회사 이름을 지우고 내 이름만 남으면 나는 어떤 사람
인지 한번 돌아보자. 어쩌면 아직 내 무기는 단단하지 않을
수 있다. 직장인이 아닌 직업인으로서 내가 일에 어떤 무기
를 쥐고 있는지 돌아보면 번뜩 정신이 들며 매너리즘은 사
라질지도 모른다.

일에 파묻혀 일을 쳐내기에
급급한 당신이라면

최 책임님에게는 아들이 하나 있다. 궁금한 것이 많고 질문이 넘쳐나는 5살 꼬맹이의 요즘 가장 큰 관심사는 자동차라고 한다. 거리나 TV에 자동차만 등장하면 차 이름을 줄줄 읊는데, 그 모습이 신기하기도 하고 기특하기도 하다고. 어느 날은 번호판이 파란 자동차에 관심이 가는지 파란 번호판에 대한 질문을 했다고 한다.

"아빠, 번호판이 파란색이야. 저건 뭐야?"

언젠가 퇴사하겠지만 행복하게 일하기로 했습니다

최 책임은 조금 어깨가 으쓱 올라가서 망설이지 않고 대답했다.

"저건 전기자동차야."
"전기자동차가 뭐야?"
"전기자동차는 전기를 먹고 움직이는 자동차야."
"우와, 전기자동차 타보고 싶다."

최 책임님은 이어지는 아이의 질문에 한참 동안 전기자동차를 설명했다고 한다. 전기자동차 관련 업무를 담당하고 있어 아이에게 충분히 설명해줄 수 있다는 것이 뿌듯했고, 아빠를 바라보는 아이의 눈빛에 이 일을 하길 잘했다는 생각이 들었다고 한다. 그러면서 또 다른 에피소드를 들려주신다. 며칠 뒤에 아이가 전기차 브랜드에 대해서 어디서 들었는지 이런 이야기를 했다고 한다.

"아빠가 '테슬라' 만들어? 전기자동차는 '테슬라'야?"
"아니……, 아빠는 '아이오닉'을 만들어."

아들이 전기자동차는 테슬라라는 이야기를 어디서 듣고 물어본 것이다. 최 책임님은 아들에게 현대와 아이오닉에 대해 최선을 다해 아이의 눈높이에서 설명해 주었다고 한다. 앞으로 전기자동차 하면 아이가 테슬라가 아닌 현대 아이오닉을 외치기를 바란다며, 아이의 반응에 열심히 일해야겠다는 의지가 불타오른다는 감상을 덧붙이셨다.

돌이켜보면 회사에서 내 업무가 어떤 곳에, 어떤 식으로 영향을 주는지 깊이 생각해 본 적이 그다지 많지 않았던 것 같다. 단순히 고객의 요구를 맞추고 일성을 지키는 것이 내 업무라고 생각했다. 그런데 내 업무가 가족에게, 지인들에게 닿는다고 생각하니 마음이 달라진다. 관점을 바꾸어 내 업무가 오늘 빨리 처리해야 할 귀찮은 일이 아니라 내 아이, 내 가족이 만나는 제품이라고 생각하면, 더 잘하고 싶은 마음이 생길 수밖에 없다. 최 책임님의 이야기처럼 가장 안전한 자동차를 만드는 일은 내 가족을 위한 일일 수 있다.

자부심을 느끼며

일하고 싶다면 이렇게!

펩시의 CEO 인드라 누이는 자신과 함께 일하는 임직원들의 부모님께 감사 편지를 보낸다고 한다. 자신의 성공에 퍼레이드까지 하면서 기뻐하는 부모님을 보며 느꼈던 자부심을, 임직원에게도 경험하게 해주고 싶었던 것이다. 우리에게는 도로 위의 완성차 그 자체가 뿌듯함을 준다. 어느 부품 하나라도 문제가 있었다면 저 차가 존재하지 못했을 테니. 당신에게 자부심을 주는 것은 무엇이며, 누구의 인정인가. 더 행복한 회사생활을 위해 그게 무엇인지 찾아보자.

일과 일상 사이,
효율을 찾고 싶다면

"은우 아빠 오늘도 힘내세요!"

내 인생에 한 분의 은인을 꼽으라면, 수많은 은인 중 첫째 은우를 돌봐주던 등원 도우미 선생님이 가장 먼저 생각난다. 우리부부는 출근 시간이 이르다 보니 등원 도우미 선생님께 아이를 맡길 수밖에 없었다. 선생님은 매일 6시 20분에 출근해 은우를 맡아 주셨다. 하원은 더 큰 전쟁이었다. 그 당시 칼퇴근이란 일주일에 하루뿐이었을 정도로 6시 퇴근이 어려웠던 시절이었다.

언젠가 퇴사하겠지만 행복하게 일하기로 했습니다

팀장님께 양해를 구하고 부랴부랴 출발해 겨우 어린이집에 도착하면 퇴근 시간이 지난 어린이집 선생님이 아이를 유모차에 태워 밖에서 기다리고 계셨다. 결국 우리 부부는 등원 도우미 선생님께 하원까지 맡기는 일이 자주 생겼다. '맞벌이 부부는 양가 부모님의 도움 없이 사는 것이 불가능한가', '우리만 이런 육아 스트레스를 겪는 게 아닐 텐데……' 하며 자괴감과 고민에 빠지던 즈음, 회사에 탄력근무제와 재택근무가 생겼다.

　요즘 우리의 일상은 이렇다. 재택근무를 하는 날, 첫째와 둘째 아이를 아침 8시 30분까지 등원시키고 집에서 컴퓨터로 출근한다. 9시부터 업무를 시작하면 저녁 6시 아이들 하원을 도울 수 있다. 재택근무 날에는 육아에 손을 보탤 수 있다. 다른 날들은 탄력근무제를 활용해 등하원 시간을 맞추었다. 그러고 보니 재택근무의 수혜자는 우리 가족인 것 같다. 아마도 유연 근무제가 아니라면 아내는 아기띠에 셋째를 안은 채로 유모차 두 대를 끌고 두 아이를 등하원 시켜야 했고, 내가 퇴근할 때까지 오롯이 혼자 세 아이의 육아를 감당해야만 했을 테니까. 사무실로 출근하면 도로에서 소비했을 시간을 가족의 행복에 투자할 수 있어 회사생활에 대한 만족도가 높아졌다.

유연한 근무 제도를 활용해 아이를 잘 키우자는 이야기가 아니다. 유연한 근무 제도가 일과 삶 사이의 균형에 큰 도움이 되었음을 자랑하고 싶음이다. 이 균형을 유지하기 위해서 재택근무를 할 때 근무 시간만큼은 철저히 업무에 집중한다. 재택근무를 한다고 업무를 소홀히 하거나 다른 일을 하다가 소통에 차질을 주는 행동은 프로답지 못한 일이다. 이것은 근무제도와 상관없이 조직 생활을 할 때 반드시 필요한 신뢰의 문제다.

근무 시간에 집중할 환경을 만들며 9 to 6의 시간만큼은 업무에 몰두하려고 노력한다. 가족들 역시 함께 노력 중이다. 처음 재택근무를 시작할 때만 해도 식탁이 내 업무 장소였다. 하지만 가족들도 불편하고, 나 역시 업무에 집중하기 쉽지 않았다. 드레스룸에 작은 책상과 컴퓨터를 배치해 사무공간을 별도로 마련했다. 점심시간 외에는 방 출입을 금지하기로 하고, 아이들도 집에 머무는 날에는 방에 들어오지 않음으로써 협조해줬다.

정시에 퇴근해 가족과 시간을 보내는 것을 목표로 하니 일에 집중도가 높아졌다. 나로 인해 다른 사람들이 불편하지 않도록 동료들의 문의, 업무 요청에 빠르게 응답했다. 한편 고객사와의 비대면 회의는 사무실에서 하기보다 집에서 할 때 더욱 집중이 잘 되었다. 평균 1~2시간씩 진행하니 고요한 사무실에서는 눈치가 보이곤 했다. 그래서 고객사와의 회의는 가능하면 재택근무 날에 잡는다. 이렇게 근무제도에 맞춰 업무의 효율을 높였다.

근무는 점점 더 효율화되고 있고, 근무 제도의 장점을 활용해 일도, 개인의 삶도, 잘 영위하고 싶은 직장인들이 많을 테다. 출퇴근 시간만 아껴도 나처럼 가족과 보내는 시간뿐 아니라, 운동도 하고 취미생활도 즐길 수 있으니. 유연한 근무 제도로 업무 집중력을 높이고 삶의 활력을 찾아가는 분들이 이미 많다. 아마도 다들 알 것이다. 우리가 어디서든 각자의 일을 제대로 책임진다면 근무 장소가 더 이상 어디인지는 중요하지 않다는 것을 말이다.

화상회의에 집중하고 있음을

보여주고 싶다면 이렇게!

화상회의 시 카메라 렌즈를 꺼두는 경우가 있다. 카메라 렌즈를 쳐다보며 사람들과 이야기하는 것이 어색하거나 부담스럽기 때문이다. 그래서 어떤 때는 카메라를 끄고 음성으로만 참여할까 고민하기도 한다. 오프라인 회의에서는 상대방의 반응이나 회의 분위기를 캐치하기 쉽지만, 온라인에서는 얼굴이 보이지 않으면 더더욱 상대방이 집중하고 있는지 알 수 없고, 표정 등 비언어적 의사소통이 이루어지지 않아 커뮤니케이션에 어려움이 있을 수 있다. 화상회의를 할 때

언젠가 퇴사하겠지만 행복하게 일하기로 했습니다

는 카메라를 켜고 손짓, 눈인사 등의 신호를 주고받아 적극적으로 회의에 참여하고, 부득이하게 카메라를 꺼야 하는 경우에는 상대방에게 양해를 구하자.

팀장님의 맞춤법 지적에
작아진다면

새로운 팀장님이 오셨다. 분주하게 채팅창을 오가며 팀장님이 어떤 성향인지 동료들과 예상하며 의견을 나눈다. 회사생활에서 첫인상은 대면 보고일 텐데 하필 팀장님이 나를 부르신다. 지난주부터 준비하던 프로젝트를 상위 리더인 실장님께 보고한다고. 기획안은 이미 거의 다 썼지만, 새로운 팀장님께 하는 첫 보고라 걱정이 앞선다. 준비한 보고서를 팀장님께 드리자 지금은 바쁘니 일단 놓고 가라고 하신다. 그 말에 안도감과 아쉬움이 동시에 들었다. 자리로 돌아와 다른 업무를 한 지 2시간 정도 지났을 무렵,

팀장님이 호출하신다.

"김 책임, 보고서에 수정할 부분 표시해 놨으니 수정하고 다시 얘기해요."

'수정?', '보고서가 마음에 안 드셨나?' 불안한 마음에 급히 자리로 돌아가 보고서를 열어 보니 맞춤법이 틀린 글자에는 ×표시가, 띄어쓰기가 잘못된 부분엔 포물선이, 각주엔 번호를 붙이라는 수정사항이 연필로 적혀 있다. 피드백이 적힌 보고서를 보면서 회사생활 8년 차, 맞춤법을 이렇게 몰랐나 싶어 나도 모르게 작아진다. 그 와중에 다행인 것은, 보고서 방향과 내용엔 수정사항이 없다는 것. 안심 반, 걱정 반으로 보고서를 수정해 다시 팀장님을 찾아갔다.

"팀장님, 보고서 수정했습니다."
팀장님이 자리를 옆으로 돌려 앉으며 내 보고서를 다시 보신다. 꼼꼼히, 아주 꼼꼼히. 연필로 밑줄을 그으며 하나하나.
"음, 이제 수정할 것은 안 보이는데 맞춤법이 틀리면 이상하게 그때부터 보고서에 신뢰가 떨어져서 말이지. 좋아요. 실장님께 보고해 보자고."

그날 실장님 보고 후, 내용 수정을 한 아름 안고 돌아왔다. 내용에 집중하라는 코멘트도 함께. 그럼에도 오늘도 팀장님은 똑같은 피드백을 준다.

"김 책임, 아, 또 띄어쓰기 틀렸네."

이런 팀장님의 모습에 팀원들 모두 맞춤법 책을 하나씩 구입해 맞춤법과 오탈자가 없는지 집중적으로 체크한다. 보고서에서 가장 중요한 것은 프로젝트의 내용과 방향 아닌가? '내용에 집중하라'는 실장님의 피드백이 계속 생각난다.

보고서의 완성도를

높일 때는 이렇게!

보고서, 기획서 작성의 마지막 단계인 탈고는 완성도를 높이는 기술이다. 탈고는 단순히 오탈자, 띄어쓰기 오류 등, 글자나 잘못된 문장을 찾아보는 것을 의미하지 않는다. 탈고는 내가 하는 기획이 목적에 맞게 작성되었는지, 충분히 설득력을 갖추었는지를 검토하는 과정이다. 그래서 객관적으로 바라보고 어떤 질문에도 방어할 수 있도록 수정해야 한다. 마지막 단계에서는 잠시 생각을 멈추고 보완할 부분을 점검하자.

디테일과 스피드 중
하나를 선택해야 할 때

TEAMS에 알림이 뜬다. 팀장님의 메시지다. 반도체 수급 현황 자료 작성이 시급하니, 팀 내 화상회의를 소집하라는 지시였다. 코로나 이슈로 인한 반도체 수급 문제로 연일 야근을 하며 겨우 대책 마련을 마무리했는데 다급한 팀장님의 소집이 당황스러웠다. '아니 어제 늦게까지 재고 물량, 주차별 반도체 공급 계획까지 적은 자료를 완성했는데, 이게 무슨 날벼락이지?'

회의 시작과 함께 자료에 대한 피드백이 쏟아진다. 목적부터

언젠가 퇴사하겠지만 행복하게 일하기로 했습니다

수정하라고 지시하시더니, 아주 세세한 부분까지 디테일한 수정이 들어온다. 빠르게 컨펌 받아도 모자랄 시간 같은데, 보고서 한 장을 수정하고 또 수정한다. 중요한 내용인만큼 꼼꼼히 보는 것도 이해되지만, 지금은 신속함이 필요한 순간이 아닌가. 단어 하나하나를 세밀하게 체크하며 꼬박 1시간 동안 받아쓰기를 하고 있으니, 어제 저녁 초등학교 1학년 딸아이의 받아쓰기 숙제를 검토하던 내 모습이 떠오른다. 'ㅇ은 이렇게 똑바르게 써야지', 'ㅁ은 왜 그렇게 쓰니'라고 지적했던 내 모습도 지금의 팀장님 같았을까?

화상회의를 마치고 계획안이 보고되었다. 팀장님께서는 상무님 보고에 동석을 요청하셨고, 우리가 파악한 현황을 보고한다. 반도체 수급이 어려운 상황이지만, 구매 부문에서 지속적으로 공급 요청과 수급을 조율하고 있어 차주까지는 문제가 없을 것으로 예상된다는 개괄적인 설명을 드렸다. 다음으로 오늘 받아쓰기를 하며 디테일을 보강한 세부 내용을 보고하려던 찰나, 상무님은 '알겠다'라고 대답하시며 보고한 자료를 책상에 둔 채, 몇 가지 질문을 하셨다. 재고 이슈, 향후 대처 방안 등 몇 가지를 물어

보셨고, 원하는 정보들이 확인이 되었는지 수고했다며 보고를 마무리했다. 시간에 쫓기며 디테일을 높였던 보고서는 더 열어보지 않았다.

역시나 예상했던 바다. 우리가 눈치를 보며 완성도를 높여가도, 때로는 들인 공이 무색하게 몇 마디만 오가며 보고가 끝나기도 한다. 준비한 것들이 열심히 한 것으로 읽힐 뿐 그 이상의 영향력을 발휘하지 못할 때, 보고자로서 준비 과정에 회의감이 든다. 보고가 어렵고 힘든 것은 이런 일들이 자주 일어난다는 점이다. 보고는 업무를 진행하는 과정 중 하나인데, 종종 일을 하다 보면 보고 자체가 목적이 되곤 한다.

우리는 왜 보고를 하는 걸까? 업무 본연의 목적에 따른 내용의 확인, 그리고 빠르게 변화하는 시장에 맞는 결정을 하기 위함이 아닌가. 특히나 요즘처럼 불확실하고 시시각각 변화하는 시장의 흐름에선 불필요한 것은 과감히 덜어내고 효율적으로 신속하게 보고하는 것이 좋다는 말을 어디선가 읽었던 적이 있다. 원론적인 이야기들만 자꾸 머릿속에서 맴돈다.

언젠가 퇴사하겠지만 행복하게 일하기로 했습니다

보고의 효율을

높이고 싶다면 이렇게!

회사나 시장의 상황에 따라 계속해서 변수가 발생할 때가 있다. 트렌드가 중요한 프로젝트라면 중간 보고를 통해 현재 흐름과 벗어난 부분이 없는지 확인하자. 수량이나 일정 확인이 주요 목적이라면 숫자 하나 틀리지 않게 꼼꼼히 작성하는 것이 중요하다. 보고 목적에 따라 무엇이 가장 효율적인 방법인지 생각하고 이 점을 모든 팀원이 동의할 수 있도록 끊임없이 이야기하는 것도, 불필요한 논쟁을 줄이고 보고의 효율을 높이는 데 중요한 부분이다.

기존의 형식을 깨고
새로운 방식으로 일하고 싶다면

5년 전만 해도 보고 내용에 따라 보고 방식이 정해져 있었다. 자료를 작성해달라고 요청받으면 양식을 공유해달라는 것이 관례였다. 그래야 일을 두 번 하지 않을 테니 말이다. 물론 아직도 특정 보고서는 양식이 존재한다. 하지만 이제 많은 보고서가 형식보다 내용에 집중한다. 또 보고의 방식을 다양하게 채택하려는 노력도 있다.

최근 업무 시간에 메시지가 하나 날라왔다. 신규 EV 플랫폼

언젠가 퇴사하겠지만 행복하게 일하기로 했습니다

관련 신문 기사의 링크와 함께 이를 읽어보라는 랩장•의 메시지
였다. 자료를 이렇게 공유받는 건 처음이라 당혹스러웠다.

"똑똑! 아침에 인터넷에서 본 시연 영상인데 참 흥미로워요.
한 번 읽어보고 우리의 개발 상황이 어떤지 알려주세요."

링크를 열어 본 후 조심스레 답장을 보냈다.

"상무님, 시연 영상은 잘 보았습니다. 지금 우리가 개발하고자
하는 콘셉트와 비슷한 부분이 많네요. 시스템 콘셉트는 ○○○
측면에서 차이가 있고, △△△은 비슷한 것 같습니다. ★★★
SW 개발은 가장 힘든 부분이고, □□□의 이유로 ◇◇◇ 제어
전략으로 개발하고 있습니다."

채팅창에서 몇 번의 메시지가 오가니 해당 주제에 대한 보고
와 현안 논의까지 하게 되었다. 어쨌든 이 대화로 모든 논의가

• 관리직은 팀, 실, BU·부문, 연구직은 셀, 섹터, 랩, BU·부문의 조직 체
계로 구성되어 있다.

마무리되는 것이 아니니 따로 보고하겠다고 메시지를 보냈다. 하지만 그럴 필요 없다는 랩장의 답변이 돌아왔다. 이후 시연 동영상만 보고하기도 하고, 메신저로 보고하는 일도 늘어났다. 처음엔 예의 없어 보일까 조심스러웠지만, 보고 목적이 충족되니 형식을 따지지 않았다. 보고가 간단해지면서 업무 부담도 확연히 줄어들었다.

이런 보고가 가능했던 것은, 배경과 목적을 미리 공유한 상황에서 필요한 핵심만 전하면 되기 때문이다. 상사들도 이런 변화에 열린 자세다. 형식과 양식이 갖춰진 메일 보고나 대면 보고는 상사와 거리감이 느껴지는 요소 중 하나였는데, 문자와 같은 간단한 방식으로 대화를 나누니 경험 많은 선배 동료와 대화하는 것 같아 가까워진 느낌이 든다.

언젠가 퇴사하겠지만 행복하게 일하기로 했습니다

보고의 형식을

줄이려면 이렇게!

그동안의 경험에 따르면, 양식을 갖춰 보고하는 것보다 때에 맞춰 보고하는 것이 더 중요할 때가 많다. 양식이 전혀 필요 없다는 말이 아니다. 본질이 되는 업무의 정확하고 빠른 전달이 관건이라는 의미다. 요즘 형식을 보지 않는 상사가 늘고 있다. 문서를 만드느라 고심하는 시간에 바로 뛰어올라가 상황부터 공유하자. 그러고 나면 다음에 보고할 내용도, 부담도 확 줄어들 것이다.

회사의 정형화된 업무가
불편하게 느껴진다면

"귀팀의 업무 협조에 감사드립니다."

습관처럼 이 문장을 넣는다. 엔터키를 눌러 두 줄을 띄고 제목과 본문은 들여쓰기로 작성한다. 바로 우리 회사의 협조전* 규칙이다. 우리 팀에 오는 협조전에도, 내가 쓴 협조전에도 이 문장은 똑같이 들어가 있다. 여태까지 누구도 이 문장이 왜 들어가는지, 협조전을 왜 써야 하는지에 대해 물어본 적이 없다. 그저 처음부터 이렇게 해야 한다고 배웠고 그렇게 계속 지키고 있는

언젠가 퇴사하겠지만 행복하게 일하기로 했습니다

룰이다.

타이틀부터 궁서체로 써야 할 것 같은, 이 생소하고도 오래된 듯한 협조전은 업무 메일과는 완전히, 느낌부터 다르다.

1. 메일은 내가 바로 누군가에게 보낼 수 있지만 협조전은 결재가 반드시 필요하다.
2. 메일은 양식이 없지만 협조전은 양식이 있다.
3. 첫 문장은 '귀팀의 업무 협조에 감사드립니다.'이고 마지막 문장은 '끝.'이다.
4. 협조전은 누군가의 결재를 거친 만큼, 더 높은 중요성을 가진 근거자료로써 효력이 있다.

- 현대모비스에서 업무를 진행할 때 사용하는 공식적인 의사소통 방법. 협조전은 공식적인 의사소통 방법이며, 정해져 있는 명백하고 확실한 관례, 규칙, 관습, 형식에 따라 서신으로 작성한다. 공식적인 협조 요청, 직무상의 답변 요청, 공식적인 답변을 표현할 때 사용한다. 보통은 회사 인트라넷이나 조직 내 정해진 관리 시스템, 또는 이메일을 통해 소통한다. 협조전은 법적 구속력이 있는 서신으로 여겨진다.

경력 사원으로 현대모비스에 입사한 동료들과 만나서 이야기를 나누어 보면, 10명 중 5명이 전 회사와의 차이점으로 협조전을 말했다. 메일로 업무 협조를 요청할 수 있는데, 구태여 불편한 협조전의 양식과 방식을 거쳐야 하는지 모르겠다며 볼멘소리도 한다. 새로 입사한 신입사원도 협조전이 낯설고 어렵다고 한다. 꼭 써야 하는 문장이 있고, 띄어쓰기와 표를 하나하나 맞춰서 작성해야 하므로 작성이 복잡하다. 그런데 어떤 부서는 업무 협조 요청 메일이 아닌 꼭 협조전으로만 업무를 요청하라고 한다.

예전에 선배에게 제조회사에서는 품질 문제가 가장 큰 이슈이며, 품질 문제 발생 시 몇십 억, 몇백 억의 손실금액에 대한 귀책 문제로 협조전이 탄생했다는 이야기를 들은 적이 있다. 협조전은 우리에게 책임감을 주는 문서로 작용한 것이다. 일하는 방식의 변화로 간소화된 문서와 간단한 보고 결재 시스템이 정착했음에도 불구하고 '귀팀의 업무 협조에 감사드립니다'라는 문장이 들어간 문서가 사라지지 않는 것은, 다른 무게감이 필요했기 때문일 수 있다.

언젠가 퇴사하겠지만 행복하게 일하기로 했습니다

M;HAPPY

불필요한 관행이
답답하다면 이렇게!

회사에는 이해할 수 없는 관행이 많다. 받아들이기 힘든 사내 관습 역시 존재한다. 시대와 역행하는 듯한 문서를 여전히 작성하고, 먹히지 않을 것 같은 오래된 방식을 유지하는 회사의 모습을 발견할 때 가슴이 답답하고 막막해진다. 많은 사람이 불필요하다고 느끼고 있음에도 회사에서 그 관행이 지켜지고 있다면 지속하는 이유가 있을 것이라 생각하다가도, 불필요한 일을 하는 내 자신이 한심하게 느껴지곤 한다. 나 혼자 부딪힌다고 바뀔 것 같지 않아서 조용히 내 할 일만 시키는 대로 하자며 마음을 내려놓게 된다. 문화적으로 거대한 변화의 바람은 위에서 불어와야 하는 것이 맞다. 하지만 변화의 동기는 아래에서 제공할 수도 있다. 불필요하고 불합리하다고 느껴지면 '왜'라고 질문해보자. 거침없이, 과감하게! 진짜로 우리가 일해야 하는 이유에 대해 상사나 선배가 제대로 설명하지 못한다면, 그것은 없어져야 할 관행일 것이다.

상대방이 내 말의 요점을
이해하지 못한다면

요즘 동료에게 자주 이런 말을 한다.

"어, 그 사항은 지난 회의 때 말씀드렸는데요?"

"지난번 메일에 그 내용 포함되어 있었어요."

"요청하신 부분은 ○○일 보고서에 appendix로 첨부되어 있습니다. 참고 부탁드려요."

이미 보고하고 공유했는데 금시초문이라고 말할 때, 회의 시간에 전달한 내용을 모두 기억하지 못할 때 하는 말이다. 워낙 협업하는 팀이 많고 도움을 요청해야 하는 일들이 많은 업무라 이런 상황이 많은 편이다.

그래서 보고하거나 자료 작성 시 유의하는 점이 있다. 바로 전달력이다. 내가 찾은 방법은 우선순위를 정하고 구조화해서 3가지만 핵심으로 전달하는 것이다. 중요 사항이 많아서 내용을 빼도 될지 고민되는 순간이 오면, 어차피 상대방은 3가지 이상을 기억할 수 없다고 되뇌이며 과감히 뺀다. 내용을 덧붙이려고 할수록 핵심 내용에서 멀어지기 때문이다. 부수적인 내용이 꼭 필요할 때는 첨부를 활용한다.

보고서의 핵심을 선택하는 것 외에도 보고, 회의 시 말의 전달력도 신경 써야 한다. 내가 지키려고 노력하는 커뮤니케이션 원칙은 두괄식. 관리자인 팀장에게 쏟아지는 수많은 보고 중 내 보고를 기억하게 하고, 다양한 업무로 매일 바쁜 동료에게 자료 내용을 숙지하도록 도우려면, 가장 중요한 것을 먼저 말해야 한다. 가장 중요한 요청 사항, 당장 결정해야 할 이슈를 먼저 이야

언젠가 퇴사하겠지만 행복하게 일하기로 했습니다

기하면 그것부터 정리해준다. 두괄식이 어려울 때는 WHY, WHAT, HOW를 정리해서 구조적으로 말하려고 노력한다. 이렇게만 해도 기억하는 내용이 하나 더 늘어난다.

보고나 회의를 효율적으로 하려면, 문서나 말을 보고 듣는 이에게 꼭 기억해야 할 몇 가지를 심어줄 수 있어야 한다. 보고할 때 말이 길어지고 불필요한 형식에 얽매여 내용을 자꾸 잊게 된다면, 꼭 전달할 내용이 무엇인지 우선순위를 세워보자.

보고를 잘하고 싶다면

이렇게!

1. 상사가 알기 원하는 것과 상사에게 알려야만 하는 것으로 내용을 구성한다.

보고의 핵심은 상사가 알아야만 하는 것을 시간 내에 보고하는 것이다. 결정해야 하는 사항은 무엇이며, 왜 승인해야 하는지, 분명한 이유가 전달되어야 한다. 그것이 눈에 띄도록 작성하자.

언젠가 퇴사하겠지만 행복하게 일하기로 했습니다

2. 자주 보고한다.

최종 보고 이전에도 이메일, 메시지, 협업툴을 이용해 상사가 진행 과정을 알 수 있도록 보고한다. 상사가 내용을 미리 알고 있으면 최종 보고 시 이해의 시간을 줄일 수 있다.

3. 설득하는 시도는 장시간 하지 않는다.

상사가 보고 내용을 탐탁지 않아 할 수 있다. 그런 와중에 설득을 계속하면 부정적인 감정이 들고 오해가 깊어질 수 있다. 같은 이야기를 오래 하면 누구나 지치는 법. 설득의 과정은 길게 가지지 않는다.

4. 전화상 보고는 이메일로 먼저 보낸다.

전화로 설명할 때는 복잡한 내용을 단번에 이해하기 어려울 수도 있고, 상황에 따라 내용에 모두 집중하지 못할 수도 있으므로 내용을 정리해 이메일로 보낸 후에 전화를 건다.

회의가 형식적으로
느껴진다면

나는 매니저 2년 차 주니어였을 때, 팀장님의 회의 소집 지시가 스트레스였던 적이 있다. 팀장님이 회의 소집을 지시할 것 같은 분위기만 느껴져도 화장실로 도망갈 정도였다. 리더가 팀 내 회의를 소집하는 건 당연한데 왜 그랬을까?

당시 우리에게는 급작스러운 소집 명령이 많았다. 팀원들 모두 각자 프로젝트 일정에 맞춰 바삐 업무를 하는 것과 상관없이 팀장님이 소집한 회의가 무조건 우선이어야 했다. 본인이 생각하

언젠가 퇴사하겠지만 행복하게 일하기로 했습니다

기에 중요하지 않은 업무로 불참하거나 늦으면 면박을 주곤 했다. 면박을 경험했거나 이를 본 팀원은 모두 본인이 하던 일을 던져두고 회의실로 갈 수밖에 없었다. 팀 내 막내였던 나는 늘 팀장님의 회의 소집을 공지하는 일을 맡았다. 팀장님께서 자주 급박하게 회의를 소집해서, 전달하는 나에게 가끔 짜증을 내던 선배들도 있었다. 업무로 바쁜 선배들이 하던 일을 멈추고 회의실로 가는 모습을 볼 때마다 괜히 미안한 마음이 들었다.

사전에 공지되지 않은 회의에도 많은 자료와 의견을 요청했다. 20분 전에 회의를 알렸는데, 짧은 시간 동안 아이디어를 생각해야 했다. 원하는 자료를 찾기만 해도 부족한 시간이라 준비가 어렵다고 말해보았지만, 그런 때마다 팀장님께서는 최대한 빨리 준비하라는 말만 하셨다. 결국 자료를 찾다가 회의 시간에 늦었고, 늦은 사람은 회의 지각에 대한 질책을 받았다. 게다가 아이디어가 나오지 않으면 생각 좀 하고 들어오라는 불호령까지 떨어지곤 했다. 아이디어가 나오지 않아서 길어진 회의 끝에는 '다음 날 오전까지 아이디어 2개씩 제출'이라는 숙제를 받아 나오기도 했다. 중요하고 시급한 회의라면 그만큼 자료를 충분히 숙지하고 의견을 정리해 모이는 것이 더 좋지 않았을까. 그랬다면 더 나은 결과가 나왔을 것이라는 생각이 매번 머릿속에 맴돌았다.

이렇게 시시때때로 소집된 회의는 시급한 케이스도 있었지만 형식적인 것도 많았다. 늘어난 회의만큼 팀원들의 업무와 일정은 꼬이고, 소모된 시간만큼 야근이 기다리고 있었다. 그러니 선배들이 짜증을 표출하는 것도 이해가 되었다.

언젠가 퇴사하겠지만 행복하게 일하기로 했습니다

시간 낭비 없는

회의를 하고 싶다면 이렇게!

회의 만능주의, 회의 했다주의, 일단 회의하자 주의는 많이 사라졌다. 그럼에도 여전히 형식적인 회의가 생기곤 한다. 서로 심리적으로, 시간적으로 불필요한 에너지를 소모하지 않으려면 회의가 업무의 목적과 본질에 부합하는지 끊임없이 질문해야 한다. 논의가 꼭 필요한 아젠다인지, 꼭 지금이어야 하는지, 꼭 이 멤버로 모여야 하는지 질문하다 보면 효율적인 길을 찾을 수 있다.

이 일을 왜 하냐는
후배의 물음에 답하지 못했다면

상사의 급작스러운 호출에 정신없이 업무 지시를 받아 적기 바빴다. 최대한 효율적으로 시간 내에 일하려면, 팀장님의 의도를 오차 없이 파악하고 지시사항을 꼼꼼히 기억해야 하기에 토씨 하나까지 놓치지 않으려 온 신경을 모았다. 팀장님의 피드백이 끝나고 회의실 문을 비장하게 열고 나섰다. 자리에 앉아 적은 것을 보며 '어떤 업무부터 시작해야 할까', '팀장님의 의도는 뭐였지' 하고 고민하던 중, 입사 10개월 차 후배가 조심스레 말을 건 넸다.

언젠가 퇴사하겠지만 행복하게 일하기로 했습니다

"저, 책임님……, 잠시 시간 되세요?"

후배의 복잡미묘한 표정에 본능적으로 큰일임을 깨닫고 당장 일어나 사내 카페로 갔다. 커피를 시키고 자리에 앉아 후배의 기분을 살짝 살폈다. 후배가 이야기를 어떻게 꺼내야 할지 고민하는 것 같았다. 나에 대한 불만이 아니길, 제발 퇴사한다는 말은 아니길, 온갖 경우의 수를 생각하며 조심히 후배의 표정을 살펴보았다. 그리고 드디어 결심한 듯 정적을 깬 후배의 한마디가 내 뒤통수를 얼얼하게 했다.

"책임님! 저는 도대체 이걸 왜 해야 하는지 이해가 안 가요! 왜 이걸 해야 하는지, 목표는 무엇인지, 왜 충분히 논의하지 않은 채 진행되는 경우가 많은 거죠? 듣는 사람이 해석해서 WHY와 목표를 정해 버리면, 이거 효율적이지가 않잖아요! 어째서 WHY를 말해주지 않는거죠? 원래 이렇게 일하는 건가요?"

10개월을 참아온 듯한 후배의 샤우팅에 중간에 낀 세대인 나는 그간 상사가 두루뭉술하게 이야기해도 찰떡같이 알아듣는 연습을 해왔음을 깨달았다. 상사의 의중을 파악한 후, 그 생각을 더 구체화하는 걸 '일잘러'의 미덕으로 생각해온 것이다. 그 과정에서 수많은 삽질이 발생했고 '진짜진짜진짜최종ver'이라는 웃지 못할 파일명도 생겨났으니, 후배의 날카로운 지적에 아무 말도 할 수가 없었다. 지금도 팀장님의 의도를 정확히 안다고 할 수 없었기 때문이다.

그 이후, 나는 어떤 일이든 의식적으로 WHY와 목표를 생각하고 구체화하려 한다. 상사의 지시가 두루뭉실하다 싶을 때는 "이 과제를 하는 이유와 목표는 이것 때문인 것 같은데, 제가 이해한 게 맞을까요?" 하고 되묻는다. 물론 쉽지 않다. 바뀐 태도에 오해를 살 수도 있기에 늘 정중함과 당돌함의 균형을 맞추며 묻는 연습을 하고 있다.

내가 주도하는 프로젝트에서는 후배에게 꼭 이 업무를 하는 이유와 달성해야 하는 목표를 설명한다. 그 과정에서 나도 몰랐던 목표가 구체화되는 경우를 종종 경험하고 있다. 업무를 할 때 삽질하는 기분이 든다면, 목표와 WHY가 명확한지 확인하고 공감하는 과정이 필요하다. 스스로 파악하기 어렵다면 일을 지시한 상사, 그 프로젝트를 함께하는 선배나 동료에게 SOS를 청하고 정중히 물어보자. 그리고도 WHY를 찾지 못한다면 서로 의논하며 찾으며 일을 해 나가자. 그럼에도 WHY를 못찾는다면 그 일은 접는게 맞을지도.

상사의 두루뭉술한 지시와

후배의 '왜' 사이에 끼어있다면 이렇게!

일이 많아서 혹은 긴급한 사항이라 '어떻게' 하는지에 집중한 나머지 '왜' 해야 하는지 안 알려준 것은 아닌지 점검하자. 내 딴에는 업무의 맥락을 잘 알려줬는데도 불구하고 의도한 결과와 다르게 일이 진행된다면 커뮤니케이션에 문제가 있는 것은 아닌지 살펴봐야 한다. 지시하는 사람과 지시받는 사람의 언어 주파수가 맞지 않을 수도 있다. 언어 주파수가 맞도록 평소 서로의 언어 습관, 표현을 잘 확인해보면 좋다.

이동한 부서에
적응하기 힘들다면

8년 차 직장생활, 본사와 연구소에서 각각 4년씩 근무했다. 연구소로 옮긴 후 가장 많이 받았던, 그리고 지금도 받는 질문은 "연구소 어때?"와 "본사 어때?"다. 경험해보지 않은 곳에 대한 궁금증과 갈망 같은 게 있어서 그런 걸까? 두 곳을 모두 경험해본 나로서 가장 큰 차이점을 말하자면, 업무의 목표 설정과 방식이 아닐까 싶다.

본사는 임원들과의 접촉이 많았다. 회식하면 BU · 부문장님이 참석하시곤 한다. 임원과의 잦은 소통은 회사의 큰 방향성을 들을 수 있다는 장점이 있다. 본사는 인원이 많고 각자 담당하는 업무가 있더라도 큰 그림을 공유하고 이해해 목표를 달성하고 유의미한 결과를 제때 내는 것이 중요하다. 특히 본사의 사업계획 시즌을 겪어 보면 팀장, 파트장 등 리더들이 배의 조타수, 기관사가 되어 한 몸처럼 일해야 한다. 부서에 따라 다르지만, 전반적으로 같은 목표를 이해한다. 여러 법인, 공장 및 타 부서 담당자들과 통화하고 협업하는 덕에 다양한 분야의 인맥을 쌓을 수 있기도 했다.

본사에서 4년의 근무를 마치고 연구소에 왔을 때는 정말 다른 조직에 온 것 같았다. 팀, 부서 단위 목표가 중요했던 본사와 달리, 이곳은 개선 근거, 실험 데이터 등을 어떻게 확보해야 할지 담당자 스스로가 결정한다. 담당 업무의 기존 히스토리, 진행 사유를 꼼꼼히 확인해 목표와 목표 설정 기준을 정리한 후, 리더에게 계획의 적정성을 검토받는 식이다. 또 다른 점은 인사말이다. 본사에서는 보통 부서, 이름, 직함을 말하며 인사한다. 하지만 연구소는 '현대모비스의 ○○○'임을 더 많이 밝힌다. 본사가

모비스 내부 담당자 사이의 협업이라면, 연구소는 고객사, 협력사와의 소통이 많다. ─물론 부서, 업무마다 차이가 있다.─ 저연차부터 회사를 대표할 만큼 독립적인 스타일로 일한다. 본사, 연구소 중에 어느 쪽의 일하는 방식이 더 좋다는 평가를 할 수 없을 정도로 확연히 달랐지만, 본사에서는 큰 그림을 보면서 일할 수 있었다는 장점, 연구소에서는 주체적으로 일할 수 있다는 장점이 있었다. 두 곳 다 내게는 큰 성장의 기회가 되어주었다.

부서나 조직 이동 후, 일하는 방식에 대한 고민이 생길 수 있다. 기존엔 팀 리더가 설정해준 목표하에 내 업무의 범주를 정하는데 왜 팀장님은 가이드를 주지 않는지 볼멘소리가 나올지도 모른다. 그런 때는 부서의 특성과 상황에 맞는 일하기는 무엇인지 생각해 보자. 그러기 위해서는 부서의 일하는 목적, 목표를 떠올려 볼 필요가 있다. 조직 이동에도 늘 같은 방식으로 일하는 것을 고집했다면, 그전에는 분명 일을 잘하는 나였는데 자꾸 작아진다면, 이쯤에서 탈피해야 하지 않을까? 상황에 맞게 조율하는 것도 일의 목적과 목표를 잘 아는 노하우다.

MO;HAPPY

바뀐 조직 분위기에

스트레스 받지 않고 적응하려면 이렇게!

몇 년 동안 익숙해진 업무와 업무 방식을 내려놓고 다른 조직으로 이동하게 되었을 때, 기대와 설렘도 있겠지만 그와 같은 질량으로 염려와 우려도 따라온다. 어쨌거나 회사를 그만둘 생각이 아니라면 바뀐 조직에 적응해야 하는데, 나와 잘 맞지 않는다는 생각이 들 때가 있다. '이전에 일하던 곳에서는 이렇게 했는데', '전에 함께 일한 동료와 상사는 이런 편인데……'라는 미련이 꼬리를 물곤 한다. 바뀐 조직에 빠르게 적응하기 위해서는 과거와의 비교부터 내려놓고 주위 동료들이, 팀 리더가 어떻게 일을 하는지 면밀하게 관찰하고 파악하는 것이 우선이다. 이후 여기에서 발휘할 수 있는 내 강점을 십분 살려 업무에 적응하는 것이 가장 현명하다. 또한 새로운 동료들과 공감대를 형성하고, 도움을 받을 것이 있다면 빠르게 받도록 하자.

고객 중심이
너무 뻔하다고 생각한다면

우리 그룹의 핵심가치 첫 번째 '고객 최우선'은 입사 당시만 해도 공감이 되지 않았다. 이윤을 추구하는 기업이라면 너무나 당연하다고 생각했기 때문이었다. 업무가 많아질 즈음엔 맡은 일이 너무 버거운 나머지 고객은 '일을 던져주는 사람'으로 생각되었다.

그러던 어느 날 아마존 기업에 관한 책을 읽었다. 아마존에서 가장 첫 번째로 강조하는 것이 '고객 집착'이라고 한다. 고객 중심도 아니고, 고객 최우선도 아니고, 고객 집착이라니? '고객'과

228

'집착'이라는 도무지 어울릴 것 같지 않은 두 단어의 조합은 내게 너무나도 충격적으로 다가왔다. 하지만 책장을 넘길수록 그 이유를 확실히 알 수 있었다. 아마존의 플라이휠Flywheel이라는 사업 성장모델은 아마존 설립 초기 제프 베이조스 회장이 간부들과 식사하다가 냅킨에 간단하게 스케치한 바퀴 그림이다. 플라이휠 가운데 원형에는 성장Growth이 적혀 있고, 주위로 몇 항목이 서로 화살표로 순환 사이클을 이루고 있다. 즉, 각 항목의 성장은 다음 항목의 성장을 가져오도록 연결되며, 이 선순환이 반복될수록 회사 전체의 성장을 이끈다는 원리이다.

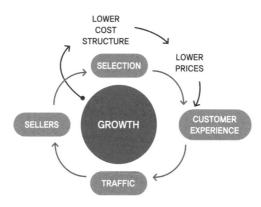

제프 베이조스 아마존 창업자가 제시한 플라이휠 전략

이 책을 통해 고객의 불편과 필요에 집요하게 파고들수록 서비스와 제품 개발의 방향이 보인다는 점과 고객의 경험을 향상시키면 우리를 찾는 고객이 늘어나며 제품의 다양화로 이어진다는 순환 구조를 이해하게 되었다. 또한 성장할수록 낮은 판매 가격으로 더 많은 고객이 좋은 서비스를 경험할 수 있다는 것도 깨닫게 되었다. 책이 전한 깊은 인사이트를 통해 내가 할 수 있는 일을 생각하기 시작했다. 내게 일을 던진다고 생각했던 고객이 필요로 하는 것과 자료를 요구하는 이유를 고민해보았다. 고객의 니즈를 깊이 들여다보니, 결국 그들도 개발 과정과 내용을 충분히 이해해야 더 좋은 결과를 낼 수 있으며, 이게 곧 현대모비스 제품의 가치 상승으로 이어진다는 결론에 도달했다. 우리의 고객 또한 상사, 동료에게 이 프로젝트가 얼마나 매력적이고 중요한지 충분히 설명이 필요했으리라.

나는 즉시 프로젝트에 참여하는 동료들의 머릿속에 있는 내용을 끄집어내 문서화하기 시작했다. 개발에 집중하다가 대체로 생략되었던 시스템의 필요성, 경쟁사의 전략, 최종적으로 이 시스템으로 결정한 이유 등, 프로젝트의 매력도를 높이는 주요한

언젠가 퇴사하겠지만 행복하게 일하기로 했습니다

내용들을 자료로 준비했다. 이 자료는 고객사와 현대모비스 내부 관계자들에게 도움이 된 것은 물론, 프로젝트의 다른 활동에도 영향을 미쳤다. 어려운 요청이나 난이도가 높은 작업의 경우에도 문제를 해결할 수 있는 원동력이 되었고, 고객의 내부 자료 체계화에도 도움을 줄 수 있었다.

MO;HAPPY

보이지 않는 고객을
만족시키고 싶다면 이렇게!

고객의 경험을 섬세하게 생각해보자. 지금 내가 하는 업무를 통해 고객이 무엇을 느낄지 상상해보는 것이다. 내 고객이 외부 고객이라면 외부 고객이 주목하는 기술, 기능과 시장 트렌드 등을 분석해 인사이트를 제공한다면 신뢰를 이어갈 수 있을 것이다. 내부 고객이라면 한 가지 주제에 나올 수 있는 다양한 반응을 추론해볼수록 만족도 높은 업무를 추진할 수 있다.

재택근무가
편하게만 보인다면

많은 회사는 줄어드는 확진자 수를 보며 재택근무를 유지할지 말지 고민한다. 이미 재택근무에 익숙해진 구성원들이 이 제도를 없애는 것에 대한 거부감이 강해 기업들은 하이브리드 근무 형태를 취하고 있다. 지금은 당연한 것이 되었지만 도입 초기만 해도 리더들은 재택근무가 관리하기 어렵고 팀 성과에 영향을 줄까 봐 걱정했다. 그리고 여전히 그 고민을 이어가고 있는 리더들도 있다. 옆 팀의 최 팀장님도 그러신 것 같다.

팀원들에게는 직접적으로 말하진 못하고 가끔 후배인 나한테 와서 이제 재택 안 해도 되는 거 아니냐며 슬쩍 불만을 말한다. 많은 리더들이 그렇지만 특히 금요일에 재택을 신청하면 의심의 눈빛을 보낸다. 팀장님 정도면 회사생활을 오래 한 분이라 자신의 입사 초기를 떠올리는 것 같다. 그러면서 가끔은 대놓고 '다들 너무 회사생활을 편하게 하려는 것 아닌가?' 하는 진심을 농담처럼 던진다. 방금도 탕비실에서 그런 말을 슬쩍 흘리고 간 최 팀장님의 이야기가 기억나, 오늘도 금요일 재택근무를 신청했다는 정 책임에게 팀장님 반응이 어땠냐고 물었다. 그랬더니 정 책임이 안 그래도 논쟁이 있었다며 하소연을 한다. 매주 금요일마다 재택을 하는 이유를 묻더니 특별한 이유가 없다면 금요일에 재택을 하지 말라는 이야기를 했다며, 이렇게 간섭해도 되냐고 목소리를 높였다. 정 책임은 자신은 업무에 소홀한 적도 없고 대응을 놓친 적도 없는데 단지 금요일에 재택을 신청했다는 이유로 팀장님께 한 소리를 들은 게 분하다며, 자신은 꼭 금요일에 재택근무를 하겠다고 호기롭게 선포한다.

리더의 입장에서는 눈에 보이지 않으면 팀원이 노는지, 자는

지, 딴짓을 하는지, 알 수가 없어 답답한 마음이 커지나 보다. 당장 뭐 하나 시키려 해도 눈앞에 있으면 말로 편하게 전달하는데 메신저를 사용해야 하니 번거로운 느낌도 들 것이다. 금요일 재택근무 갈등이 어떻게 마무리가 될지 조마조마한 마음으로 지켜보았다. 그런데 한순간에 바뀐 분위기에 어안이 벙벙했다. 어느 순간부터 이 팀장님이 재택근무에 대해 왈가왈부하지 않기 시작한 것이다. 여기에는 같은 팀 박 책임의 역할이 컸다. 정 책임과 달리 거의 재택근무를 하지 않는 박 책임의 업무가 지지부진한 것을 보면서, 팀장님은 재택근무가 문제가 아님을 인지했다. 재택근무를 하지 않고 매일 출근하는 박 책임은 성과가 안 나오고, 얄밉게 꼬박꼬박 금요일 재택근무를 신청하는 정 책임은 변함없이 좋은 성과를 보여주었기 때문이다.

이후로 최 팀장님의 입에서 재택근무를 왈가왈부하는 이야기는 나오지 않았다. 그리고 이제는 박 책임을 어떻게 해야 하나 더 신경 쓰는 눈치다. 뚝심 있게 금요일 재택근무를 밀어붙이며 팀장님과 타협점을 찾아간 정 책임을 보며, 결국 직장인의 승부수는 성과라는 걸 다시 한번 깨닫는다. 어디에 있든 해야 할 일을 한다면, 금요일 재택근무가 무슨 상관이랴.

성과는 바로 눈에 띄는 것이 아니다 보니 재택근무와 관련해 비슷한 경험을 한 직원과 팀장님이 많을 것이라 생각된다. 나 역시 극적으로 팀장님의 변화가 일어나지 않았다면 어려운 시기를 보내고 있었을지도 모른다. 그러나 포기하지 않고 팀장님을 설득하기 위해 노력했을 나의 모습도 함께 상상해본다.

MO;HAPPY

재택근무를 할 때

무엇을, 어떻게 해야 할지 난감하다면!

신입사원 및 연차가 얼마 되지 않은 직원이라면 회사 선배들에게 업무 관련 기본 지식과 실전 노하우를 습득하며 일해야 할 때가 많다. 옆에서 직접 보는 것이 가장 빠른 방법. 재택근무를 하면 업무 효율은 높아져도 선배의 노하우를 가까이서 배우기는 어렵다. 그럴 때는 내가 담당한 직무와 과업에 대해 선배와 의논하고, 독립적으로 업무 수행이 가능한 영역과 배움이 필요한 영역을 체크하자. 그리고 혼자서 수행하기 어렵거나 선배의 조언이 꼭 필요한 경우에는 선배와 사무실 출근 일정을 맞추자. 물론 비대면으로도 학습과 전수는 가능한 부분도 있으니 반드시 만나야 한다는 생각을 버리는 것도 방법이다.

재택근무 제도를
오래도록 잘 유지하려면

미래형 근무 형태로 여기던 재택근무가 일상이 되었다. 준비할 새도 없이 빠르게 변화를 마주하다 보니, 리더들은 앞으로 재택근무, 하이브리드 근무를 어떻게 운영해야 할지 고민하며 숙제로 떠안게 되었다. 업무의 특성, 조직원의 동의, 효율적인 관리까지 모두 고려해야 하는 어려움에도, 우리 회사의 많은 리더들은 재택근무 그라운드 룰을 단단하게 수립해갔다. 에어백을 연구하는 셀의 이 셀장님 역시 리더로서 재택근무 가이드를 만들게 되었다.

[팀의 재택근무 그라운드 룰]

1. 급히 근무 유형을 변경할 경우, 반드시 내용을 공유한다.

시험 대응, 샘플 제작으로 당일 이른 아침 출근이 결정되는 경우가 빈번하고, 출근을 계획했다가 재택근무를 하는 경우도 더러 있다. 긴급하게 근무 유형을 바꾸는 것은 자유이나, 상황 변화를 셀원들과 공유하자.

2. 셀 내 모든 소통 채널은 TEAMS®로 통일한다.

어디서든 빠르게 반응하고 편리하게 소통하기 위해 화상회의, 메신저, 셀 내 공지사항 전달을 전부 TEAMS로 일원화한다.

3. 월 1회 샘플실 정리하는 날, 팀 전원이 사무실로 출근한다.

관리하는 샘플 수가 상당한 만큼 샘플실 정리는 힘들다. 공평한 업무를 위해 한 달에 한 번, 다 같이 사무실에 나와서 힘을 쓰자.

● 마이크로소프트에서 윈도우 OS를 기반으로 개발한 협업툴

언젠가 퇴사하겠지만 행복하게 일하기로 했습니다

재택근무 룰은 위의 3가지이다. 지켜야 할 항목이 적고 개인의 자발성에 맡긴다. 또한 유연하고 여유롭다. 이 셀장님이 셀원들과 함께 이런 룰을 만들게 된 데는 계기가 있다. 자율주행 자동차가 등장하면서 가장 창의적이고 혁신적인 제품 개발이 요구되는 분야가 에어백이 되었기 때문이다. 우리 조직이 창의적이고 혁신적으로 바뀌어야 살아남을 수 있다고 생각해 변화를 꾀한 것이다.

이 셀장과 그의 셀원들은 근무 방식의 인사이트를 얻기 위해, 성공한 타 기업인 당근마켓과 보쉬를 직접 견학했다. 당근마켓은 사장부터 직원까지 구성원 전체가 메신저 채팅방에 초대되어 자유롭게 개인의 의견과 경험을 공유하는 유연한 분위기였다. 보쉬는 직원들이 희망하는 장소에서 자유롭게 일하는 환경을 조성하기 위해 사무실에 전체 인원의 60%에 해당하는 좌석 수만 보유하고 있었다. 유연한 근무 환경이 직원들에게 창의력과 도전 의식을 발휘하게 한다는 사실을 발견한 것이다. 한편, 이 셀장은 직접 조사하고 공부한 내용을 셀원들과 지속적으로 공유해 셀원들에게 재택근무와 유연한 근무 환경의 필요성과 공감을 이끌어냈다. 특히 코로나19 이전부터 재택근무를 도입했던 도요타의 파격적인 사례가 셀원들의 관심을 끌었다. 도요타는 사무직과 연구개발 담당 등 전체 직원 30%의 인원을 대상으로 일주일에 2시간만 회사에 나오고 나머지는 집에서 일할 수 있는 시스템을 정착시켰다고 한다.

동종업계인 도요타의 사례를 보며 '그렇다면 우리도 할 수 있지 않을까?' 하는 긍정적인 생각이 셀 내에 퍼졌다. 이는 재택근무를 잘하기 위한 자발적 그라운드 룰의 수립으로까지 이어졌다. 이 셀장은 셀원들이 재택근무에 적절한 집안 근무 환경을 조성할 수 있도록 아낌없이 지원하고 있다. 지난해 복리비의 일정 금액을 셀원들의 재택근무를 위한 물품에 투자했다. 셀원들의 꾸준한 노력과 리더의 적극적인 지지로 재택근무가 잘 자리 잡은 결과, 의사결정 시간은 확연히 줄어들었고 화상회의, 메신저로 그때그때 정보를 공유하며 소통은 더 활발해졌다. 효율적인 근무 방식 덕분에 개인의 에너지를 충분히 비축해 셀을 위한 미래적인 연구에 온전히 집중할 수 있게 되어서 도전적인 시도도 계속되고 있다. 덕분에 셀의 기술을 2023년 국제전자제품박람회CES

언젠가 퇴사하겠지만 행복하게 일하기로 했습니다

에서 선보일 수 있게 되었다.

　　어쩌면 재택근무는 단순히 팬데믹으로 인해 일시적으로 누린 편리함이 아닌, 더 나은 미래, 새로운 미래를 대비하기 위한 과정이자 개인의 삶에 다양한 기회를 주는 하나의 근무 형태인 것 같다. 따라서 이 같은 근무 제도 유지와 성과를 위한 우리 안의 공감 규칙이라는 것이 존재해야 한다. 아직까지 재택근무를 비롯한 선택적 근로시간제[●]에 의구심이 들고 어떤 식으로 운영해야 할지 막막한 리더라면, 팀원과 함께 논의하는 데서 시작해보자. 그 안에 공감하고 신뢰할 만한 우리만의 근무 규칙을 발견할 수 있을 것이다.

- 정산기간(1개월 내)의 총 근로 시간만 정하고, 근로의 시작과 종료 시간을 자율에 맡기는 유연근무 제도

재택근무로 팀 간

친밀감이 떨어진다면 이렇게!

신입사원, 신규 입사자 등 입사한 지 얼마 안 되는 구성원의 경우에는 한동안 사무실 근무를 하는 편이 회사의 문화와 업무를 이해하고 기존 구성원들과 유대감을 형성하는 데 유리하다. 각자 일정에 맞추어 재택근무를 비롯한 원격근무를 하면 팀원들이 한자리에 모이는 일이 드물다. 다 함께 출근하는 날을 정해도 오프라인 회의 등 각자 정해진 일정으로 바빠 서로 만나기 어려울 수 있다. 이런 점을 보완하기 위해 구글에서는 구글의 화상회의 플랫폼인 행아웃을 켜 놓고 함

언젠가 퇴사하겠지만 행복하게 일하기로 했습니다

께 점심식사를 하거나 온라인 티타임 등을 자주 진행한다. 구글의 예처럼 화상으로 진행하는 정기적인 티타임 시간을 가질 수 있다. 새로 들어온 구성원에겐 소속감과 유대감을 주고, 팀원들에게는 신뢰감 형성과 동료애를 느낄 수 있는 기회를 만들어보자.

현장 근무자의
재택근무가 현실이 되려면

어린 시절 학교에 가지 않고 집에서 수업을 듣고 싶다는 상상을 한 적이 있다. 취직한 이후 회사생활을 하면서도 비슷한 상상을 했던 것 같다. 그런데 2~3년 사이 코로나19로 인해 상상이 현실로 되었다. 강제 현실화라고 할까? 코로나19의 확산을 막기 위해 의무적으로 교대하듯 출근하는 팀과 재택근무를 하는 팀이 나뉘어졌다. 증상이 경미할 때도 집에 머물며 급한 업무들을 처리했다. 그러나 제조공장에서 근무하는 구성원들에게는 재택근무에 제약이 존재했다. 공장에서 직접 대응해야 하는 일이 비정기적으

언젠가 퇴사하겠지만 행복하게 일하기로 했습니다

로 발생했기에 재택근무 지침은 제조공장에는 먼 이야기처럼 느껴졌다.

하지만 최근 공장에서도 재택근무의 좋은 사례를 벤치마킹해 재택근무가 가능하다는 분위기로 바뀌고 있다. 공장에 출근하는 일을 좀 더 계획적이고 정기적인 방식으로 만들었다. 공장에 출근하지 못할 때 어떻게 대응할지에 대한 방안을 고민하고 시스템화하면서, 공장에 '업무 자산화 관리'라는 팀 내 매뉴얼과 개인 업무 매뉴얼을 만들고, 생산직 직원들에게 기존 노하우보다 쉽게 교육하는 방법을 고민하게 된 것이다. 아마 애초에 이런 준비가 되어 있었다면 현장으로 출근하는 공장 근무자도 재택근무가 가능했을 것이다. 또한 선택과 집중을 통해 효율적인 근무도 이뤄지지 않았을까?

무엇보다 상사들의 인식 전환이 필요했다. 공장 CA 주관하에 공장 근무자의 재택근무에 대한 설문조사도 전체적으로 실시했다. 당연히 이들에게는 재택근무에 대한 니즈가 있었고, 이를 통해 정식으로 요청하는 눈치였다. 물론 여전히 재택근무 자체에 대한 반감이 있는 직원들도 있지만, 이번을 계기로 현장의 재택근무 매뉴얼을 준비하고, 언제 또 어떤 일이 벌어질지 모르는 현실에 대비할 기회를 마련했다.

최근 우리 현대모비스 내부에는 다양한 근무 형태 제도의 도입에 관한 논의와 매뉴얼이 만들어지고 있다. 근무 형태의 다양화는 각 근무 방식이 가진 단점을 보완하고 개선하는 방향이 될 것이다. 또한 공장이라는 현장에서 근무하는 직원들의 재택근무 도입은, 타 회사가 닮고 싶어 하는 좋은 사례가 되리라고 본다. 그런데 우리에게 중요한 것은 어디서 근무하는지보다, 어떻게 일하며 어떻게 성과를 내는지다. 우리 모두 일에 대한 본질은 잊지 말아야 한다는 생각을 마음 깊이 새겨야 할 것 같다.

언젠가 퇴사하겠지만 행복하게 일하기로 했습니다

모두가 안 된다고 하는 상황을

타개하고 싶을 때는 이렇게!

우리가 가진 선입견은 누군가에게, 어떤 상황에 한계를 짓곤 한다. 그것이 선입견으로 인한 것임을 아는 사람은 극히 드물며, 그 편견을 깨려는 사람은 거의 없다고 봐도 무방하다. 그럼에도 한계를 깨고 해낼 수 있다는 확신을 가져야 한계를 넘어설 수 있다. 안 된다고 그어 놓은 선은 그저 누군가가 만들어 놓은 것일 뿐, 내가 그은 것은 아니기 때문이다. 이런 생각이 정신승리일 뿐이라고 헛웃음을 짓는 사람도 있겠지만, 성공 가능성이 낮은 쪽에 승부를 걸기 싫었던 것은 아닐까 자문해 보길 바란다. '공장은 재택근무가 어렵다'는 고정관념도 방법을 찾을 수 있었던 것처럼, 내가 배팅한 것을 성공으로 이끄는 방법도 있다는 것을 잊지 말자.

팀원의 워라밸을
지켜주고 싶다면

회사와 조직에 무조건 충성하고 업무에만 몰두하는 시대는 지나갔다. 일과 개인의 삶이 균형을 잘 이뤘을 때, 우리 모두 성장하고 그 일을 계속할 수 있다는 사실을 알고 있다. 그래서 요즘 리더에게는 구성원들이 각자의 삶에 밸런스를 잘 맞출 수 있도록 관리하는 새로운 역할이 중요해졌다. 옆 부서의 강 팀장님은 이런 역할을 잘 실천하는 리더다. 앞장서서 팀원들의 야근을 줄이고 업무와 일상 사이에 경계를 그어준다.

강 팀장님이 처음 부임했을 때, 매니저 한 명이 계속해서 야근하는 걸 보았다. 다른 팀원들에 비해 늘 2~3시간씩 늦게 가는 그를 위해 강 팀장님은 2가지 방안을 고민했다. 하나는 업무의 재분배였다. 혼자 야근을 한다는 것은 그에게 업무가 가중되었다는 뜻이니 이를 해결하고자 했다. 6개월간 팀원들의 업무를 모니터링했다. 팀원들의 업무 패턴을 상세하게 기록하고 일대일 면담을 진행한 후, 팀 전체 회의를 통해 업무가 상대적으로 적은 책임매니저에게 야근하던 매니저의 업무를 할당했다.

그런데 매니저의 야근은 줄어들지 않았다. 이제 야근의 진짜 이유가 궁금해졌다. 팀장님은 매니저와 여러 차례 대화 시간을 마련했다. '한 업무에 하루 평균 3시간씩 소요하는 이유는 무엇인가?', '왜 그렇게 디테일하게 처리하려고 하는가?', '그게 꼭 필요한가?' 등, 그의 사정을 들어보기 위해 다양한 질문을 던졌다. 그 결과, 라인 가동 중단 시 생산팀 귀책을 방지하기 위해 작은 항목까지 놓치지 않으려는 속사정이 있었다. 팀장님은 귀책을 방지하는 방법은 가동률 증가이므로 작은 항목에는 집착하지 않아도 된다고 조언했다. 그리고 그 매니저의 야근은 거기서 멈추었다.

강 팀장님이 이렇게 노력하는 것은 팀원들이 행복하게 일할 때 효율도 개선되기 때문이다. 팀원들과 업무 목표를 함께 생각하고 디테일하게 피드백하고 격려함으로써 전체적인 생산성은 높아진다. 생산성 향상은 팀원들의 삶을 보장하고, 이는 다시 선순환되어 조직에 대한 만족도로 돌아온다. 거기에 팀원들의 편안함을 우선으로 생각하는 리더의 마음이 더해지면, 팀 내 결속력이 더욱 단단해진다. 옆 부서의 요즘 모습이 그렇다. 서로에 대한 응원과 격려로 단단히 묶인 강 팀장님 부서는 오늘도 일과 삶을 모두 지키고 있다.

야근 많은 우리 팀을

바꾸고 싶다면 이렇게!

강 팀장님이 말씀하신 야근을 줄이기 위한 경험 기반 팁 3가지를 공유한다.

첫째, 업무를 하기 전에 먼저 요구자의 의도를 명확하게 파악한다.

이메일을 받고 기계적으로 처리하기보다 통화라도 한 번 하면서 의도를 파악한 후에 처리해야 같은 업무를 여러 번 하는 일이 발생하지 않는다.

둘째, 구두 보고가 자연스러운 분위기를 조성한다.

보고서 작성은 시간이 오래 걸리고 비효율적일 때가 많다. 문서를 작성할 시간에 팀원들이 찾아와 말로 보고하든, 전화로 이야기하든, 메신저로 내용을 남기든, 팀장과 팀원이 자유롭게 소통할 수 있는 분위기를 만드는 것이 중요하다.

셋째, 한번 생긴 이슈는 근본적인 문제가 해결될 때까지 리스트업 해두었다가 완벽히 없앤다.

과거 강 팀장님은 품질, 생산, 공정기술 3개 팀의 직원들을 모아 6개월 동안 AI 스마트 비전을 활용한 검사 방법을 개발하여 공장에서 주기적으로 발생하던 문제를 완전히 해결했다. 더 이상 그 이슈를 걱정할 필요가 없으니 이젠 세 팀 모두 발 뻗고 잔다. 임시방편보다는 완벽하게 해결하는 것이 팀의 업무를 줄이고 새로운 도전을 시도할 여유를 준다.

EPILOGUE

행복하게 일하는 방식을
만들기까지

2021년 여름, 문화 그라운드 룰 제작을 위한

7명의 유닛이 결성되다.

2021년 7월, 현대모비스에 이상한 공고문이 떴다. 회사의 그라운
드 룰을 만드는 유닛을 모집한다는 내용이었다. 지원 동기, 포부
등 써야 하는 항목이 많은 귀찮은 미션임에도 많은 사람들이 지
원했다. 그중 가장 의욕적이고 정성스러운 지원서를 쓴 우리 7명
이 선발되었다. 모행 유닛 7명은 그렇게 만났다.

최근 직원들의 의견을 많이 반영하여 회사의 일하는 방식을 만드는 것이 당연하게 받아들여지고 있다. 하지만 불과 2년 전인 이 프로젝트를 시작할 당시만 해도 바텀업이라 불리는 이 방식은 생소했다. 보통 탑다운, 즉 오너나 CEO의 의지를 담아 회사의 비전과 핵심가치에 가장 적절한 일하는 방식을 정했다. 그런데 바텀업이라니! 현대모비스가 조직문화에 새로운 역사를 쓰는 일이 될지도!

현대모비스의 문화는 자율적이고 유연한 편이다. 예전에는 보수적이었을지도 모르지만, 최근 몇 년 사이 현대모비스는 새로운 시대의 옷을 입듯 조직원의 자율성과 회사의 유연성을 강조하고 있었다. 그래서인지 이런 방식을 도입한 기업문화팀부터 이 모든 것을 최종 결정한 사장님까지도, 바텀업 방식의 문화 그라운드 룰 제작 방식을 긍정적으로 바라보고 지지했다.

직급도 다르고 하는 일도 다른 우리 7명은, 유닛으로 선정된 그날부터 지금까지 모행의 제작자이자 전도사로 활동하고 있다. 무엇보다 내가 만들었다는 사명감, 조직의 변화를 이루겠다는 기대감으로 모행을 널리 전파하고 스스로도 실천하는 중이다.

코로나 시절이 불러온 비대면 워크숍, 가능할까?

현대모비스의 문화 그라운드 룰 프로젝트는 코로나19가 한창일 때 시작됐다. 문화 그라운드 룰은 만드는 사람들이 자주 모여 치열하게 토론해야 다음 단계로 넘어갈 수 있는데, 이를 진행할 수 없는 것이 커다란 문제였다. 코로나19가 한창이던 이 시기, 우리는 마주할 수 없었다. 결국 약 6개월간 진행한 문화 그라운드 룰 프로젝트는 처음부터 마무리까지 모든 과정이 비대면으로 이루어졌다.

비대면 상황에서 가장 우려했던 것은 워크숍이었다. 토론이 가능할지, 서로 의견이 잘 조율될지, 아무도 의견을 내지 않으면 어쩔지 조마조마했다. 인터뷰를 시작으로 일주일마다 우리가 가지고 있는 문화적인 분위기와 신념을 파악하고, 조직에 대한 깊은 이해를 바탕으로 어떤 방식이 가장 필요한지 의견을 모아갔다. 비대면으로 진행하는 대신, 보다 효과적인 논의와 결과를 도출하기 위해 자주 만났다. 그리고 누구도 아쉬움이 남지 않도록 회의 말미에는 다른 의견이 없는지 꼭 확인했다. 여기서 '소수의견입니다만'이라는 우리만의 유행어도 탄생했다. 의견을 다 나누고 마무리하는 시점, 아쉬운 마음에 문제를 제기할 때 멤버들이 소수의견이었다는 멘트를 붙이곤 했다. 나중에는 호응이 없을 때도 농담처럼 주고받는 말이 되었다.

수차례의 워크숍 동안 원활한 토론이 가능했던 것은, 우리 사이에 소수의견까지도 존중하려는 마음이 있었기 때문일 것이다. 처음의 어색함은 배려로 바뀌었고 화면 속에서 적당한 거리가 만들어졌다. 대면 회의로 진행했다면 긴 논의에 서로 지치거나 감정적으로 마음이 상하는 순간이 왔을지도 모른다. 보고까지 비대면으로 진행됐던 것이 진행을 순조롭게 만든 신의 한 수가 아니었을까.

언젠가 퇴사하겠지만 행복하게 일하기로 했습니다

2021년 12월, 드디어 마주한 모행과 모행 유닛

'모비스인들이 행복하게 일하는 방식', 즉 '모행'은 설문조사를 통해 구성원들이 고른 이름이다. '모행'이라는 이름뿐만 아니라 모행을 만드는 모든 과정에서 설문과 투표를 통해 구성원들의 참여를 적극적으로 이끌었다. 구성원들이 선택한 내용에 대해 리더분들이 수정을 하고 싶은 마음도 있었으리라. 하지만 많은 리더분들과 사장님까지 모행 유닛이 직접 만든 문화 그라운드 룰에 호응하고 지지해주었다.

Meet	당신의 생각이 궁금합니다. 커피 한 잔해요.
Original	○○○은 과감히 빼보세요. 본질이 보입니다.
Harmony	네 일 내 일 따지기 전에 우리의 내일을.
Attitude	걱정보단 응원하고, 질책보단 질문해요.
Proactive	어디서 일하든 빠르게 반응해요.
Pride	내가 고객이고, 내가 프로덕트 오너.
Why	일을 할 때 목표와 Why를 생각합니다.

우리 모행 유닛 7명은 모든 작업이 끝나고 마지막에 모행을 설명하는 영상 촬영 현장에서 처음으로 얼굴을 마주하게 되었다. 화면으로만 보다가 실제로 만나니 더욱 반가웠다. 지난 시간 동안 업무와 병행하며 주말까지 시간을 들여 최선을 다한 서로를 격려했다. 그렇게 6개월의 대장정을 거쳐 2021년 12월, 모행이 발표되었다.

진짜 모행은 지금부터 시작

2022년에는 모행을 알리기 위해 본격적인 사내 활동을 시작했다. 현대모비스 내 팀장급 전체를 대상으로 하는 리더 워크숍에 모행을 이해하는 프로그램을 넣어 리더들과 약 3개월의 시간 동안 다양한 사례와 고민을 나누었고, 언제나 기업문화를 위해 노력하고 활동하는 CA 워크숍에서 어떻게 모행을 전파할 수 있을지에 대해 함께 고민했다. 또한 저연차 직원 200여 명과 직접 만나 모행에 대해 이야기하는 시간도 가졌다.

그러나 진짜는 이제부터 시작이다. 모행 유닛과 구성원들이 같이 만든 모행이 정말 우리의 일하는 방식으로 자리 잡도록, 그 의미를 알리고 업무 현장에서 실행해야 한다. 그렇게 우리는 반복하고 또 반복해서 구성원들의 마음속에 모행이 자리 잡길 기대한다.

– 2023년 1월, 모행의 또 다른 시작을 기대하며.

개인의 시대, 일하는 방식을 만드는 방법이 궁금한 기업문화 담당자들에게

이제 개인의 시대다. 크리에이터들의 영향력이 늘어나고 파워풀한 개인이 지식인보다 더 큰 영향력을 미친다. 일반인들이 TV에 나오는 예능이 늘어나며 연예인을 능가하는 재미를 선사한다. 어떤 모습이든 자기 모습으로 승부하며 이를 위해 조직을 떠나는 것을 두려워하지 않는다. 조직을 믿고 조직과 함께 성장하는 것에 만족하고 자부심을 느끼는 공동체적 마인드셋은 나의 성공으로 대체되었다.

여러 책들과 많은 리더들이 강연에서 요즘 세대는 어렵다는 이야기를 수없이 했고, 이미 그런 담론은 전제가 되었다. 내 성장, 내 성공, 내 방향성이 인생의 전제인 MZ세대는 조직에서 어떻게 일의 의미를 찾을 수 있을까. 많은 젊은 친구들이 퇴사를 선망하는 이유는 의미를 찾지 못하고 버티고 있기 때문일 것이다. 대기업이니까, 돈 때문에. 회사에 다니고는 있지만, 업무시간 이외의 내 시간에 공을 들이며 언젠가 나만의 브랜드, 나만의 일을 만들겠다는 꿈을 꾼다. 조직 내에서는 더 이상 큰 꿈을 꾸지 않는다.

물론 이런 해석은 단편적일 수 있다. 하지만 우리를 비롯해 요즘 입사하는 신입사원들을 보면 이런 말들이 그냥 지나쳐지지는 않는다. 업무의 성취감, 멋진 브랜드에 동참하고 있다는 자부심은 여전히 유효하다. 그러나 조직 안에서 개인의 시대를 살아가고 싶어 한다.

회사에 다니는 모두가 불행한 걸까?

조직의 시대를 살던 이들과 개인의 시대를 사는 이들 사이의 충돌은 업무 방식의 갈등으로 드러나고, 상식이라고 생각했던 것은 도전을 받는다. 실제로 업무 현장에서 세대 갈등을 겪긴 하지만, 책이나 언론에서 이야기하는 것처럼 심각하지 않을 때가 많다. 그래서 어느 순간에는 실제보다 과장되게 표현한다는 생각이 들기도 한다.

보수적이고 수직적인 문화를 가진 기업에서는 세대 갈등을 줄이기 위한 다양한 변화를 시도한다. 근무 제도를 바꾸고, 리더들에게 소통 방법을 가르치고, 구성원의 의견을 듣는 채널을 만든다. 그럼에도 회사에 대한 저격글과 불만이 꾸준히 쏟아진다. 블라인드 같은 데서 보면 모든 회사는 비합리적이고 상사들은 다 괴물 같다. 회사생활도 결국 사람 사이의 상호작용인데, 어떤 때는 모든 것을 보상과 자기 이익의 관점에서만 판단하는 것 같아 불편할 때도 있다.

언젠가 퇴사하겠지만 행복하게 일하기로 했습니다

행복하게 일하는 평범한 우리에게 주목하다

많은 사람이 평범한 직장인으로 개인의 시대를 살아가고 있다. 누구나 노력하면 100억 자산가가 될 수 있다고 외치는 각종 메시지에 박탈감을 느끼지만, 좋은 회사, 안정적인 기업에 다니는 것에 감사하고, 조직에서 동료들과 잘 어우러지며, 주어진 업무를 잘 해내는, 대체로 성실한 하루를 보낸다. 생각해보면 이런 평범한 직장인들 중에서 행복을 드러내는 사람이 별로 없는 것같다. 그런데 주변에는 회사에 잘 다니면서 가족을 책임지는 소위 무난하게 살아가는 사람들이 더 많다. 여기까지 생각이 다다르니 실제로 행복하지 않아서가 아니라 이들의 행복이 눈에 띄지 않는 것이라는 생각이 들었다.

문제에 대해서만 목소리를 높이면 우리가 그동안 잘해왔던 일들이 보이지 않을 수 있다. 부정적인 피드백에 집중하면 기획서를 망치게 되듯, 불만에만 집중하면 모든 것이 개선할 대상으로만 보인다.

우리가 행복하게 일할 수 있는 최소한의 룰

독일의 화학자 리비히Liebig가 주장한 '최소율의 법칙'이 있다. 식물의 성장은 부족한 성분량에 의해 지배된다는 것이다. 어떤 한 원소가 아무리 많아도, 다른 하나가 최소량 이하면 정상적인 성장을 할 수 없다. 결론적으로 최소한으로 존재하는 원소가 식물의 성장을 결정짓게 된다. 조직문화도 마찬가지다. 목표 달성을 위해 다 열심히 달리는데 한 명이 열심히 하지 않는다면, 노력하는 사람이 상대적으로 박탈감을 느끼게 된다. 보상이 잘 이뤄진다면 열심을 유지할 수 있으나, 대체로 강한 의지를 가진 사람이 아니라면 적당히 하자는 생각에 쉽게 휩쓸리게 된다. 불평을 경계하는 이유는 한 사람의 불평이 퍼지면서 같은 효과를 내기 때문이다. 그렇게 하향 평준화된 분위기는 다시 끌어올리기가 무척 어렵다.

일하는 방식을 만든다는 것은 우리가 함께 일하기 위한 룰을 만드는 일이다. 목표 달성을 위한 것이지만, 그 안에 우리 기업의 개성과 사람들의 성향이 들어갈 수밖에 없다. 그래서 일하는

언젠가 퇴사하겠지만 행복하게 일하기로 했습니다

방식은 필연적으로 지향하는 가치, 조직의 신념을 품게 된다. 우리의 신념은 회사에서 일하는 시간이 행복해야 한다는 것이었다. 하루의 대부분을 여기에서 보내고 커리어를 쌓아가는데 행복하지 않다면, 목표 달성도 역량 개발도 무의미할 뿐이다. 그래서 우리의 소소한 불행 말고 더 많은 행복에 집중하고 싶어졌다.

바텀업 방식의 좋은 사례가 되다

일하는 방식을 수립하는 과정은 길고 복잡하다. 최소 6개월의 시간을 가져야 깊이 있게 분석하고, 와닿는 이야기를 개발할 수 있다. 담당 부서에서 직급과 직군별로 여러 구성원을 만나 회사의 언어를 발굴하고 이를 토대로 우리만의 일하는 방식을 정한다. 전체적인 워딩 개발이 완료되면 C레벨로 보고가 올라가고 위에서 이것이 적합한지 아닌지를 판단해 최종 버전을 완성한다.

개발 과정상 구성원들이 인터뷰로 참여하게 되고 그들의 이야기가 녹아 들어가지만, 최종 문장을 결정하는 과정에 참여한 것이 아니어서 회사에서 또 무언가를 만들어 내려준다는 생각이 더 강하게 든다. 그렇게 되면 일하는 방식을 발표해도 중요하게 생각하지 않고 흘려듣게 된다. 그런데 현대모비스의 문화 그라운드 룰은 구성원 중 유닛을 선발해 직접 만들었다. 7명이 주축이 되어 직접 사람들을 만나고, 토론하고, 문구를 작성하고, 직접 수정하는 과정을 거쳐 만들었다. 진정으로 우리가 만든 문화 그라운드 룰인 것이다.

놀랍게도 이 모든 과정은 막힘없이 유연하게 진행되었다. 구성원들이 주도적으로 진행하더라도 리더나 CEO의 의견 위주로 수정되는 경우가 많은데 현대모비스는 구성원의 의견을 그대로 반영했다. 우리가 거쳐온 과정은 이랬다.

단순화시킨 8단계지만 모든 과정의 결과물은 인트라넷을 통해 전 직원에게 공유되었고, 단계별로 직원들의 의견을 취합해 진정한 참여를 이끌어냈다. 이 모든 과정을 7명 모두가 직접 진행했다. 심지어 사내 게시판에 올리는 게시물도, CEO 보고도.

언젠가 퇴사하겠지만 행복하게 일하기로 했습니다

1	모행 유닛 7명 선발

↓

2	기업문화 인터뷰 진행 <우리의 언어는 무엇인가?>

↓

3	기업문화 핵심 키워드 도출

↓

4	'일하는 방식' 문화 그라운드 룰 작성

↓

5	수차례 워크숍을 통한 문화 그라운드 룰 설정

↓

6	전사 설문을 통한 문화 그라운드 룰 최종 결정

↓

7	그라운드 룰 문구 다듬기

↓

8	최종 보고 및 발표

우리가 만든 것은 우리가 지킨다

2021년은 문화 그라운드 룰 제작의 해였다. 2022년은 내재화의 초석이 되는 전파의 해였다. 2023년은 실천하는 해가 될 것이라 예상한다. 우리가 꼭 지켰으면 하는 것을 만들었기에 문화 그라운드 룰의 실제적인 정착이 이것을 만든 우리에게도 중요한 일이 되었다. 구성원이 스스로 그라운드 룰을 만드는 것의 장점은 여기서 더 드러났다. 우리가 만든 만큼 문화 그라운드 룰에 애정을 갖게 된 것이다. 적어도 제작에 참여한 우리 7명의 로열티는 확보하고 간다는 것. 7명의 주변 동료나 소속 팀 역시 우리의 이야기를 통해 관심을 기울이게 되고, 그것이 내재화의 시작에 큰 힘이 된다.

구성원들도 내 동료가 만든 것이라고 생각하면 문화 그라운드 룰을 무시하기가 어렵다. 그냥 남의 일이라고 생각하는 사람들도 있겠지만, 나와 관련 있는 얼굴들이 보이면 한번은 귀를 기울이게 된다. '일하는 방식의 모행'의 제작 의도를 설명하더라도 동료가 직접 설명하니 설득력도 높아진다. 우리가 일하는 방식을 직접 만든다는 것은 이런 측면에서 내재화에 유리한 고지를 선점하고 들어가는 일일지 모른다. '모행'의 의도를 제3자가 설명하는 것이 아니라 스스로 전파하니 설득력도 높아진다.

재미있어야 내재화도 잘 된다

전파는 두 가지 방향으로 진행되었다. 전 구성원에게 문화 그라운드 룰을 인식시키는 사내 이벤트와 리더들이 실천에 앞장서도록 워크숍을 통해 '모행'을 알렸다. 우리가 전파를 진행하면서 가장 중요하게 생각했던 건 재미였다. 즐거워야 내재화도 잘된다고 믿었다. 열심히 설명하고 진지하게 고민한다고 실천이 가능하지는 않음을, 다들 경험으로 알고 있을 것이다. 머리로 아는 것과 이를 받아들이는 것은 다르다. 재미는 수용도를 높인다. 생소하고 새로운 것도 재미가 있다면 참여하기가 쉽다. 물론 기억하기도 쉽다.

일하는 방식은 진화해야 한다

모행은 이제 다음 단계를 향해 나아가고 있다. 구성원들에게 선포되어 전달된 일하는 방식은, 각자의 일과 역할에 따라 재해석되면서 그 함의를 확장해가고 있다.

그라운드 룰은 한번 정하고 끝나는 구호가 아니라 업무 현장에 적용되어야 할 도구다. 더 좋은 방식, 더 나은 길은, 늘 새롭게 발견된다. 구글의 일하는 방식이 계속 달라지는 것처럼, 우리가 만든 그라운드 룰 또한 비전에 따라, 사람들에 따라, 더 나은 방향으로 진화해갈 것이다. 이상적인 이야기일 수 있지만, 조직 내에서 구성원 모두가 자기 행복을 찾을 수 있는 그라운드 룰이 나올 때까지, 구성원 모두가 포기하지 않고 관심을 이어가길 바란다.

언젠가 퇴사하겠지만 행복하게 일하기로 했습니다

모행, 모비스인들이
행복하게 일하는 방식

구성원이 행복해야 도전과 협력도 지속될 수 있습니다. 모행은 현대모비스인들이 참여하여 직접 만든 업무 룰입니다. 현대모비스인들은 7가지 그라운드 룰을 적극 실천하며 모든 구성원이 행복한 일터를 만들어 갑니다.

Meet 당신 생각이 궁금합니다. 커피 한 잔해요.

키워드 #소통 #공감 #배려

차이를 인정하면 다름은 긍정의 에너지로 전환됩니다. 커피 한 잔은 소통의 행동으로 공감을 키우는 방식입니다.

권준혁 책임연구원

점점 길어지는 회의, 좁혀지지 않는 의견, 이대로 더 간다면 감정까지 상할 듯한 아슬아슬한 상황에 처해 본 경험이 누구나 있을 것입니다. 그럴 때 잠시 동료와 커피 한 잔 하며 서로를 이해하는 시간을 가져본다면, 의견 차를 좁힐 힌트를 찾을 수 있을 것입니다. 이해는 공감과 배려의 시작이기 때문이지요.

언젠가 퇴사하겠지만 행복하게 일하기로 했습니다

> Original ○○○은 과감히 빼보세요. 본질이 보입니다.

키워드 #핵심 #본질

본질에 집중할 때 최고의 효율을 낼 수 있습니다. 형식, 불필요한 것들을 과감히 빼고 업무의 본질에 도달합니다.

정문기 책임매니저

일을 하다 보면 가끔 '내가 이 일을 왜 하고 있을까?' 자괴감이 들 때가 있습니다. 특히 보고나 회의를 할 때, 이런 기분을 많이 느낀다고 합니다. 대부분은 불필요한 일이거나 효율적이지 않은 형식적인 일일 때 그렇습니다. 다양한 업무툴에 익숙한 시대에 보다 본질에 집중하는 업무 방식을 쌓는 것은 중요합니다.

Harmony 네 일, 내 일 따지기 전에 우리의 내일을.

키워드 #존중 #협업

각자의 역할과 책임을 다하여 한 팀으로서 서로 협력합니다. 미래 모빌리티를 위한 혁신을 목표로 결집된 힘을 발휘합니다.

함태희 매니저

    수만 개에 이르는 자동차 부품 수가 말하듯 현대모비스에서 협업은 굉장히 중요하고 어려운 부분입니다. 협업은 R&R부터 시작됩니다. 이때 방어적이고 소극적인 태도는 나중에 큰 문제를 키울 수 있습니다. 서로의 영역을 존중하고 원활한 업무와 소통을 위한 명확한 R&R로 협업을 시작해볼까요?

언젠가 퇴사하겠지만 행복하게 일하기로 했습니다

Attitude 걱정보단 응원하고, 질책보단 질문해요.

키워드 #도전 #성장

함께 성공하고자 하는 마인드는 현대모비스의 업무 태도입니다. 도전하는 동료를 응원하고 실패를 탓하지 않고 다음을 질문합니다.

강나림 매니저

'해봤자 안돼', '소용없어'라는 말보다 '함께 해보자', '도움이 필요하면 언제든지 말해주세요' 같은 응원과 질문으로 우리의 도전을 구체화 시킵니다.

Proactive 어디서 일하든 빠르게 반응해요.

키워드 #자율 #능동

재택근무는 자율적이고 능동적인 문화를 만드는 핵심제도입니다.
일하는 장소가 어디든 원활하게 소통하며 성과를 창출합니다.

문성기 책임연구원

재택근무, 하이브리드 근무 방식이 제도화되면서 우리는 서로가 보이지 않는 곳에서 일할 때가 더 많아졌습니다. 함께하지 않더라도 어디서든 원활하게 소통하고 성과를 창출하기 위해서 가장 중요한 것은 서로를 향한 신뢰입니다. 신뢰의 시작으로 빠르게 반응하고 소통하는 것부터 실천해보면 어떨까요?

언젠가 퇴사하겠지만 행복하게 일하기로 했습니다

Pride 내가 고객이고, 내가 프로덕트 오너

키워드 #고객 #자부심 #프로의식

우리는 프로덕트 오너로서, 고객이 되어 고객의 입장에 공감하며 고객에게 최고의 모빌리티 경험을 선사합니다.

장경기 책임연구원

프로젝트의 시작부터 끝까지 고객의 경험을 생각하고 설계하는 것이 프로덕트 오너로서 일하는 방식입니다. 내가 만든 제품, 서비스, 디자인, 기술의 작은 부분까지, 나와 우리 회사의 자부심을 담고 내 가족이 고객이라 상상하며 최고의 모빌리티 경험을 만들어 갑니다.

Why 일을 할 때 목표와 WHY를 생각합니다.

키워드 #목표 #의미

같은 목표를 향해 함께 나아갈 때 남다른 결과를 만들 수 있습니다. 일하는 이유와 목적이 무엇인지 상기하며 일합니다.

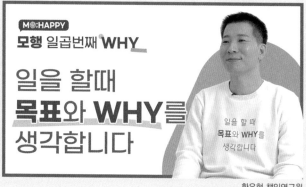

황우현 책임연구원

시키는 대로만 일한다면 일의 효율도, 결과도 미흡할 수 있습니다. 반대로 목표를 공유하고 각자의 역할을 이해하고 함께 나아간다면, 남다른 성과로 이어질 수 있습니다. 회사의 방향에서 내가 성장할 수 있는 지점을 찾아 동기부여를 하고 일의 과정에서 목표와 WHY를 생각합니다.

언젠가 퇴사하겠지만 행복하게 일하기로 했습니다

황우현

현대모비스 전자제동시스템셀 책임연구원. 자율주행에서 필요한 제동 리던던시Redundancy 시스템을 개발하고 있다. 처음 업무를 시작할 때는 먼 미래의 일이었던 자율주행이 이제는 현실화되고 있어 기쁨과 책임을 동시에 느낀다. 개인일 때는 회사의 성장에 관심이 많지만, 집단이 되어 일을 하면 그 생각이 사라지는 이유가 궁금해서 기업문화에 관심을 갖게 되었다. 자신감 있게 주도적으로 일하고, 그러면서도 같은 방향으로 움직일 수 있는 방법이 그라운드 룰을 제작하고 전파하는 이 과정에서 실천되리라고 믿는다.

함태희

현대모비스 샤시구매팀 매니저. 전자공학 전공을 살려 외국계 T사와 국내 S사 반도체 연구원으로 근무하다가, 하고 싶은 일을

언젠가 퇴사하겠지만 행복하게 일하기로 했습니다

찾아 현대모비스에 입사했다. 샤시구매팀에서 7년째 철판, 알루미늄 소재와 씨름하며 회사에 잘 연착륙 중이다. 일개 직원이지만 회사에 목소리를 내보고자 그라운드 룰 제작에 참여했다. 언젠가 나도 팀장님도 이 책을 읽는 여러분도 퇴사를 하겠지만, 당신의 다음 출근길이 조금이나마 가벼워지길 바라며 우리가 일하는 방식을 만든 이야기를 적어보았다.

정문기

현대모비스 경인 부품생산관리팀 책임매니저. 사람냄새 나는 곳이 좋아 공장의 생산관리 업무를 지원했다. 늘 재미있는 일을 추구해 일도 재미있게 하는 걸 추구하는데, 유독 사람들이 출근만 하면 웃음을 숨기고 사는 것이 안타까웠다. 그래서 CA활동을 하며 행복한 일터로 바꿔보고자 노력하던 중에 그라운드 룰 수립에 지원하게 됐다. 더 많은 사람들이 재미있고 행복하게 일할 수 있기를 바라며, 나부터 그런 직장인이 되기 위해 꾸준히 노력하고 있다.

저자 소개

장경기

현대모비스 샤시 · PE모듈설계셀 책임연구원. 전기차의 엔진 역할을 하는 PE모듈 설계를 담당하고 있다. 입사하고 좋은 선배들을 너무 많이 만났고, 명랑한 MZ세대 후배들과도 즐겁다. 선배들과 후배들을 연결하는 중간 계투가 되고 싶어 그라운드 룰 제작에 나섰다. 행복하게 일하기 위해 중요한 것은 소통이라고 생각한다. 납득할 때까지 설득하고, 안 되면 기꺼이 납득 당할 준비를 늘 하고 있다.

문성기

현대모비스 시스템패키지개발셀 책임연구원. 누구보다 먼저 자동차를 실물로 접하고 양산되는 과정을 지켜보며 아이를 키우듯 기쁨과 불안이 교차하는 회사생활을 이어가는 중이다. 직접 기업문화에 대한 생각과 바라는 점을 담을 수 있다는 점이 매력적이어서 그라운드 룰 제작에 참여하게 되었다. 회사생활의 목표는 성공적인 업무 수행이 아닌 같이 일하고 싶은 사람이 되는 것. 우리가 일하는 공간이 업무도 힘든데 사람 때문에 더 힘들지 않도록, 서로 존중하고 신뢰하는 분위기를 만들고자 용기를 내었다.

언젠가 퇴사하겠지만 행복하게 일하기로 했습니다

권준혁

현대모비스 헤드램프주광원광학셀 책임연구원. 자동차의 밤길을 밝히는 빛과 광학 시스템에 대해 연구하는 업무를 담당하고 있다. 10년 넘게 회사생활을 하며, 나 자신과 회사에 대한 생각이 많았다. 이에 작은 변화를 원했고, 연구원으로서 완전 새로운 그라운드 룰을 만드는 경험을 하고 싶어 이 프로젝트에 참여했다. 좋은 사람들과 함께 새로운 것을 만들고 배우는 과정이 항상 즐겁다.

강나림

현대모비스 HKMC영업지원팀 매니저. 고객사의 신차 개발 현황과 이슈, 일정을 관리하는 일을 맡고 있다. CA를 맡아 조직문화 활동도 돕고 있다. 회사에서 성장하기 위해 다양한 교육과 업무 기회에 적극적으로 참여한다. 이직과 퇴사를 결정하는 친구들 사이에서 혼자 안주하는 게 아닌가, 조급한 마음이 들 때도 있지만 진심으로 회사가 좋고 여전히 출근이 즐겁다.

언젠가 퇴사하겠지만
행복하게 일하기로 했습니다

1판 1쇄 인쇄 2023년 1월 25일
1판 1쇄 발행 2023년 2월 5일

지은이 현대모비스 모행 유닛
황우현, 함태희, 정문기, 장경기, 문성기, 권준혁, 강나림

기획 현대모비스 장은경, 김세현, 지현진
편집 (주)미유기획 박민지, 선민정, 황수민

발행인 양원석 **책임편집** 박현숙, 신성종
디자인 김미선, 김유진, 강소정 **영업마케팅** 양정길, 윤송, 김지현
일러스트레이션 주식회사 루돌프웍스

펴낸 곳 ㈜알에이치코리아
주소 서울시 금천구 가산디지털2로 53, 20층 (가산동, 한라시그마밸리)
편집문의 02-6443-8854 **도서문의** 02-6443-8800
홈페이지 http://rhk.co.kr
등록 2004년 1월 15일 제2-3726호

ISBN 978-89-255-7698-5 (03190)